東大院生が７つの型で教える

神わかり！　頭のいい説明力

犬塚壮志

PHP文庫

○本表紙図柄＝ロゼッタ・ストーン（大英博物館蔵）
○本表紙デザイン＋紋章＝上田晃郷

はじめに

伝わらない知識やスキルは「ない」に等しい

「毒と呼ばれているものには、大きく分けて毒物と毒薬の2種類があって……」

「カラダにいい毒があるって知ってた!?」

どちらの言葉にあなたは興味をそそられますか？

後者のほうが「なんだろう!?」とその先を聞いてみたくなりますよね。

私は、これまで10年間駿台予備学校の予備校講師として、また現在はビジネスパーソン向けの研修講師として、どうすれば相手にわかりやすい説明ができるか、ずっと考え続けてきました。

ただ、私が大学時代にアルバイトから始めた予備校講師では、「難しいことをそのまんま難しく説明してしまう」、いわゆる典型的なダメ講師でした。

当時の私の講義は、俗《ぞく》にいう〝生真面目《きまじめ》〟で、ちっとも面白《おもしろ》くなかったと思います。

受けもっていた生徒の模試の成績も芳《かんば》しくなく、志望校に落ちてしまうこともありました。

一方で、私の心には納得できない思いが渦巻《うずま》いていました。

「オレは一生懸命に説明しているのに、なんで、生徒たちは、こんなカンタンなこともわかってくれないんだ!!」

プライベートでも、その当時つきあっていた彼女とこんなエピソードがありました。クリスマスプレゼントを買おうということで、アクセサリーブランドの4℃というお店に行ったときのことです。

まず、そのお店の前に着くやいなや、聞かれてもないのに化学のウンチクを語ってしまったのです。

「このお店の4℃という名前の由来はね、H_2Oの密度が最大になるときの温度なんだ。冬の寒い時期に氷が張ってもその底の水温は常に4℃に保たれていてね……」

文系の彼女はもちろんドン引き。さらに始末が悪かったのは、ダイヤがついたネックレスが欲しいとねだった彼女に、さらにウンチクを披露《ひろう》してしまったことです。

「シャープペンの芯《しん》と同じ炭素の塊《かたまり》に、そんな値段を払いたくないんだけど。だって、ダイヤモンドってシャープペンの芯の主成分の黒鉛《こくえん》と同素体《どうそたい》の関係でさ……」

さすがの彼女もブチギレです。

「あんたの話、難しすぎてよくわかんない。そもそもそんなこと興味ないし！」

あなたがどんなに一生懸命に身につけた知識やスキルも、相手がわかってくれなかったら、それはないに等しいのです。

相手が興味のない話やメリットのないことは、どんなにこっちが必死に説明しても届かないのです。

届かなかったら、それは相手にとって〝ない〟のです。

そんな当たり前のことを、当時の私はこれっぽっちもわかっていなかったのです。

そして、皮肉《ひにく》にも失恋という代償《だいしょう》を払って身をもって知ることになったのです。

IKPOLET

説明力は、万人に求められるスキル

「このままでは、職を失っちゃうかもな……」

社会人になりたてのある日のことです。

それまでずっと自分の説明に自信がもてず、その日も授業の後、講師室で落ち込んでいました。いろいろ試行錯誤《しこうさくご》してみたものの、なかなかこれといった手応えが感じられませんでした。これからどんなふうにスキルアップしていけばいいのか途方に暮れていたのです。

そこにふと生徒がやってきて、こんなことを話してくれました。

「今日の先生の説明は、いつもと違ってなんだかすごくわかりやすかったです！　私がよくわかっていないところをズバリ教えてくれたんです。まさにかゆいところに手が届いた感じです☆　ありがとうございました！」

衝撃でした。その日の授業は、生徒にバカにされてもいいから、専門用語は極力使わず小学生でもわかるようなやさしい言葉で話したのです。小難しいテーマを話すときは、具体例や喩《たと》え話をできるかぎり交えて説明していたのです。

自分としては、「こんなレベルを下げたような説明でいいのかな……」——そう思っていたのですが、生徒からしたら違ったのです。

「難しいままの説明では相手に届かないんだ」——その日から生徒にとって難しい内容をどうやって彼らに届く表現にしていけばいいのかを真剣に考え始めました。

それまでの自分の思い込みを一切捨て、相手にとって本当にわかりやすい説明とは何かを毎日必死で考えるようになったのです。

「わかりやすく説明するには、自分がどう説明したいかではなく、生徒がどう受け取るかを考えることから始めないといけない」——あのときの生徒の笑顔が、説明で一番大切なことに気づかせてくれたのです。

相手にわかりやすく説明するには、ちょっとしたコツが必要です。

それは、私のように予備校で高校化学を教える人だけでなく、釣り、将棋《しょうぎ》や囲碁《いご》、スポーツ観戦のような趣味を熱く語りたい人にも役立つスキルがあるのです。

個人が情報発信しやすくなった社会では、個人メディアなどでその人の専門分野での発言を、そうでない人に伝える機会が圧倒的に増えています。新型コロナウイルスの影響でリモートワークが促進され、オンライン上でより多くの多種多様な人たちに向けて話す機会が増えた人も多いはずです。

だからこそ、**これからの時代に活躍するためにも、自分の専門分野以外の人に、自分の発言をわかりやすく伝えることが求められる**のです。

そして、人は誰しもがなんらかの興味、関心をもっていると私は思っています。そんなあなたの専門分野やこだわりを、他の人にわかりやすく説明できたとしたらワクワクしませんか？

あなただけのこだわりや一般的に難しいと思われている内容の発信を多く

の人にわかりやすく説明できたら、あなたに共感する人が増え、世の中がもっともっと楽しくなると思うのです。

IKPOLET

「難しい」とは、あなたと相手とのギャップ

あなたの興味・関心ごとを、その分野についてあまり知らない人にわかりやすく説明できれば、それだけであなたの稀少性《きしょうせい》が際立っていきます。

言い換えると、あなたの情報の価値が上がるのです。情報はもっているだけでは価値になりません。使って初めて価値になるのです。

教育業界の場合も同じで、専門性の高い学問分野での知識をもっているだけでは不十分で、相手にわかってもらって初めて価値が出ます。

教育の場では、伝わらないことは何もしなかったことに等しいのです。

研究分野でも同じです。研究職でも学会や論文で発表する機会がありますし、専門外の人にわかってもらったりしなければ、どんなに素晴らしい研究

でも価値は出ません。

このとき、必要になるスキルが**「難しいことをわかりやすく伝える説明」**です。

ここでいう〝難しい〟というのは、世間一般にいわれているような高度な学問分野のことだけではありません。好きなアニメやドラマ、スポーツなどを含めて、あなたが詳しいことを全般に〝難しい〟と表現します。

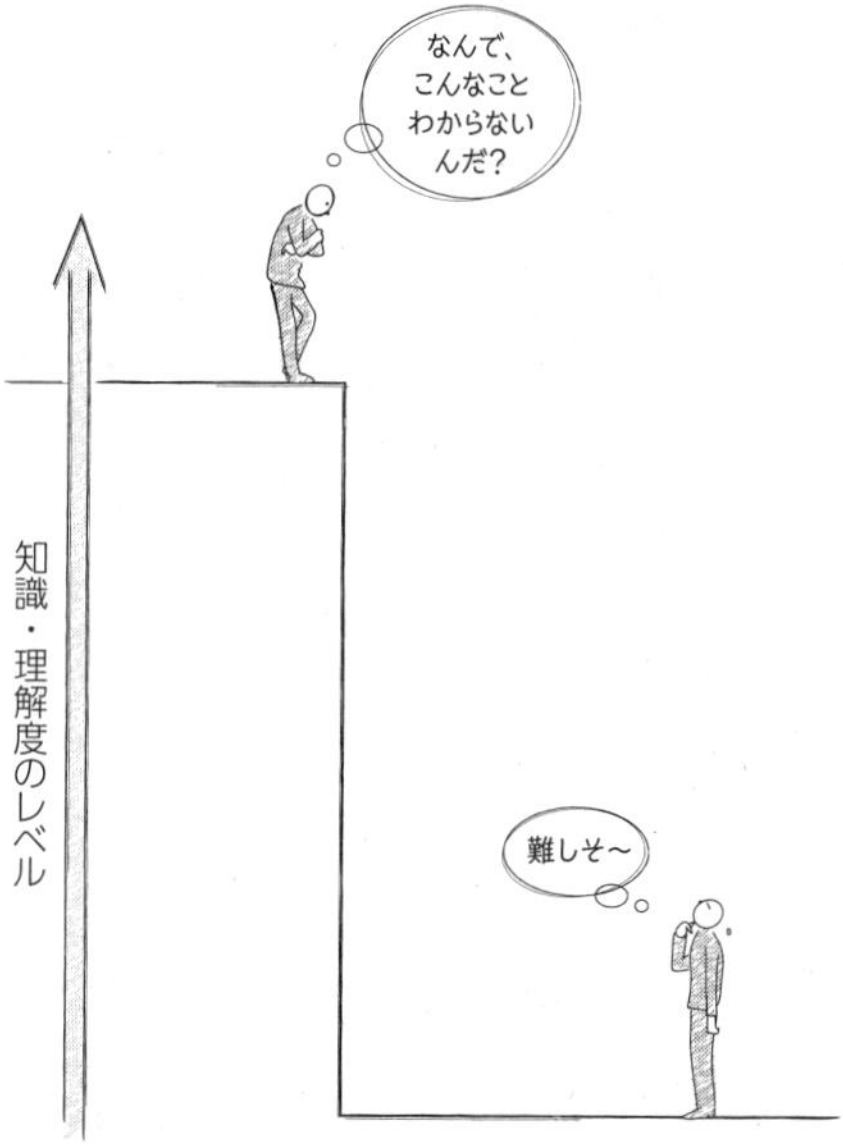

「えっ、オレの好きなバンド、コピーして弾くの難しくもなんともないんだけど？」「私が趣味でやってるロッククライミングの楽しさだって、やればすぐわかるんだけど」――そう思う方もいるかと思います。

ただ、それはすでに理解できている自分にとっては〝やさしい〟ことなのでしょうが、相手にとっては未知のことで〝難しい〟と感じてしまうのです。

〝難しい〟とか〝やさしい〟は形容詞なので、基本的には主観です。

つまり、本書でいう〝難しいこと〟というのは、あなたにとって難易度が高いことではなく、相手にとって難易度が高いと感じることです。

別の言い方をすると、**あなたと相手の知識や理解度にギャップがあるとき、その格差に対して相手は〝難しい〟と感じる**のです。

図にすると、前頁のようなイメージになるでしょうか。

あなた（話し手）と相手（聴き手）に知識や理解度の差が広がれば広がるほど、あなたが説明しようとする内容は相手にとって〝難しい〟と思われる可能性が高くなるのです。

IKPOLET

あなたにしか伝えられない知識やスキルがある

情報が溢《あふ》れている今の世の中では、あなたがわかっていることをわかりやすく正確に相手に伝えることができれば、それだけで価値が出ます。

次頁の図を見てください。

これは〝説明価値のマトリクス〟と私が呼んでいるものです。

次頁図の右上をごらんください。実は**情報化社会でもっとも価値が出てくる説明というのは、相手にとっての難しい内容をわかりやすく伝えること**なのです。

そこに情報の稀少性が生まれるのです。

相手がすでに理解できている内容をやさしく伝えるだけでは大きな差別化にはなりません。

また、難しいことをわかりにくく伝えたら相手は混乱するだけなので価値

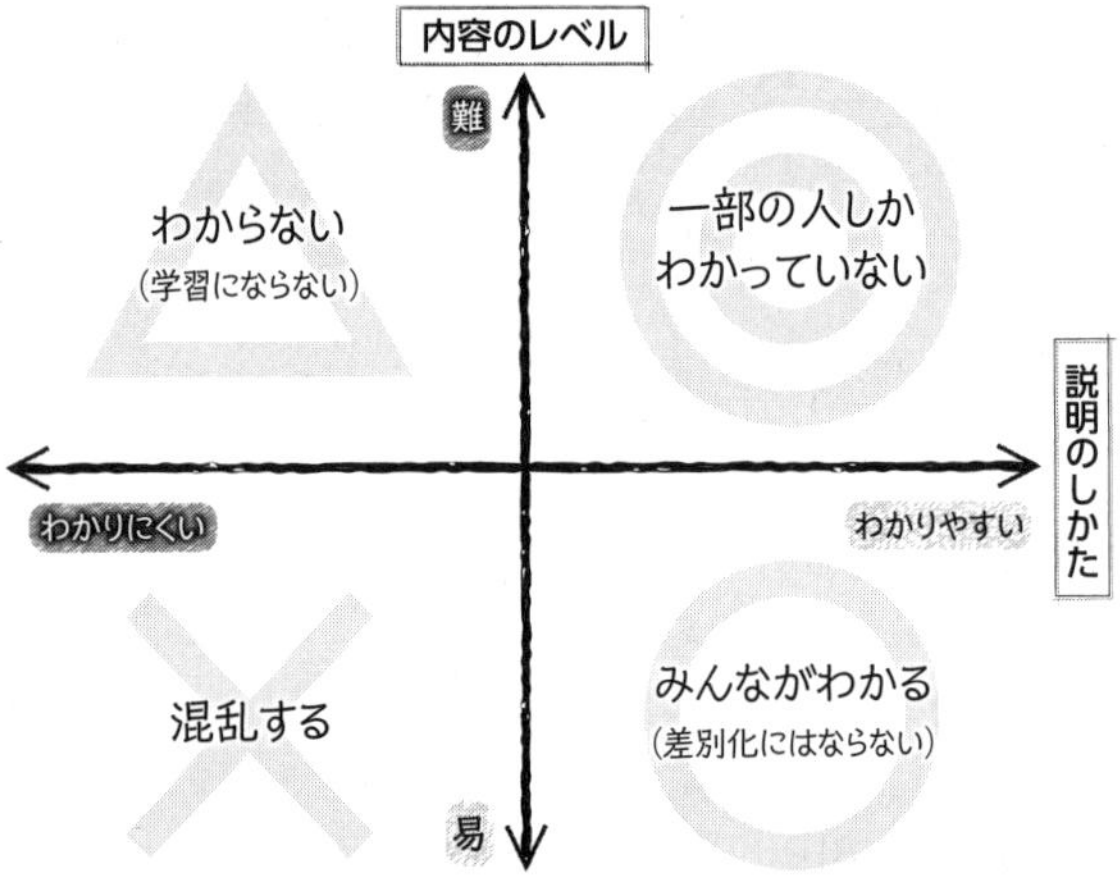

はむしろマイナスです。

難易度の高い内容を相手のわかるレベルに落とし込んで理解させることがもっとも価値の高い説明になるのです。

たまにネットのサイトを見ていると、こんなことを思いませんか?

「この人、わかってないなぁ」と。

あなたの趣味がアロマオイルだと仮定して、その関連サイトの上位ページを閲覧しているときに、「私だったら、これもっとちゃんと説明するのに……」——あなたの専門分野やこだわりのところで、こんなもどかしさを感じたり、悶々《もんもん》とした感情をもったりした経験はありませんか？

それこそが、あなたにしか伝えられない情報（知識やスキル）がある証拠です。

それをわかりやすく相手に説明することができたら、あなたに大きな価値が生まれるのです。

偏差値30台から、東大生を多数輩出する予備校講師に

最近、仕事の関係でビジネスパーソンや経営者の方にお会いする機会が増えました。

私が大学受験の塾や予備校で講師をしていると伝えると、「昔から勉強が好きで、頭もよかったんでしょうね」と言われます。「そんなことありませんよ」と返答するのですが、たいてい「そんな……ご謙遜《けんそん》なさらずに」と、

返ってきます。

そんなときは決まって「本当にそんなことないんですよ。だって私、高校3年生の春は偏差値30台でしたから」とお伝えしています。

それが事実だからです。

そうすると、さすがに相手の方は「本当に……!?」といった顔をされます。

予備校講師は説明上手というイメージがあることから、もともと勉強ができていた人だと思われることが多いようです。

ただ、私自身は勉強が苦手で、周りの人に比べて理解は遅いほうでした。

ただ、そのぶん、**その理解に行き着くまでのプロセスを、細かく分割しながら時間をかけてゆっくり眺めることができた**のです。

そういった経験から、まったくわかってくれていない人に、自分がしっかりわかっていることを説明していくにはどうすればいいのかを考える機会を、他の人よりも多くもつことができました。

そして、「この経験は〝誰でも身につけられるスキル〟にできるのでは?」

と思うようになりました。

理解が遅かったからこそ、習得できる説明スキルがあるということに気づいたのです。

私の講義を受ける生徒には、勉強ができる子もいれば、まったくできない子もいます。偏差値でいうと、24～75くらいまでと幅が広く、得意分野、苦手分野もまちまちです。

そういった学力差が激しい状況があったからこそ、〝どのレベルの人にもわかってもらえる説明スキル〟を磨き上げることができたと思っています。

結果的に、これまで、東京大学には500人以上、医学部には2000人以上合格させることができました。

偏差値40台の生徒が東京大学に合格したり、もともと文系だった生徒が医学部に合格したりと、大きな成果を挙げることができました。

もちろん、これは生徒たちの努力の賜物《たまもの》です。

それでも、その子たちに適した説明をしてあげることで、少なからずお役に立てたのではないかと思っています。

おかげさまで化学講師として予備校業界で日本一となることができ、2017年、丸10年勤めた駿台予備学校を退職。現在は、それまで学んだことをより多くの人に伝えたいという思いから、企業向けの研修講師として登壇しています。

また、ビジネスパーソンの知識やスキルを、セミナーや研修に落とし込むサポートをする「教育コンテンツのプロデュース業」も行っています。

さらに、自分のノウハウやスキルをもっと社会的意義のあるものにしたいと思い、東京大学の大学院で「認知科学」に関する研究も行っています。

この認知科学をベースとした学問に「学習科学」というものがあります。学習科学とは、平たくいうと「相手にしっかりわかってもらうために、日々行う授業の繰り返しで効果があったものを特定して分析する」ことです。

学習科学は、これまで実験室で統制してきたような実験をベースとした研究スタイルではなく、現場実践の中で本当に役立ったものを抽出していくことを目指しています。

このスタンスは、私の中で一貫していて、予備校という教育実践の現場で学んだスキルやノウハウをより研ぎ澄まし、あらゆる立場の方に活かしてもらいたいという思いからその道を選択したのです。

本書では、この学習科学の知見も交えながら、あなたのもっている情報（知識やスキル）を、わかってくれていない相手に説明するためのスキルやノウハウを誰でも使える〝型〟にして、余すことなくお伝えしていきます。

この説明スキルが、あなたと目の前の人との〝理解の架け橋〟になれば、著者として望外の幸せです。

それではさっそく学んでいきましょう！

イントロダクション INTRODUCTION
なぜ、あなたの説明はわかってもらえないのか?

Contents

第1部 基本編

IKPOLET

わかってもらう説明の黄金フォーマット「ＩＫＰＯＬＥＴ法」

◉Step1 「I」Interest
興味をひく

◉Step2 「K」Knowledge
聴き手の知識や認識にアクセスする

◉Step 3 「P」Purpose 目的を示す

◉Step 4

「O」Outline
大枠を見せる

Contents

◉Step 7 「T」Transfer 転移

第2部 応用編

KOLE

超速フレーム「KOLE法」

第3部 オンラインver. ONLINE オンラインでの説明に強くなる技術

本文デザイン・イラスト――齋藤 稔（ジーラム）

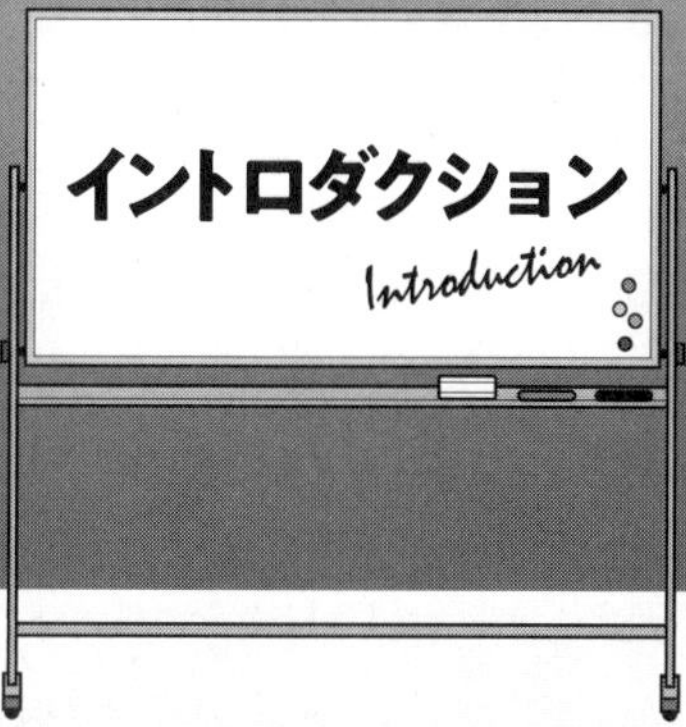

なぜ、あなたの説明はわかってもらえないのか？

IKPOLET

その人の学力と説明力は別次元のもの

中学生や高校生の頃、テレビニュースを観ていて、「なんで、学者の人の話はこうもわかりにくいんだろう？　この人、すごく頭いいはずなのに……」――よくそう思っていました。

しかし、いざ自分が予備校で教える立場になってみると、恥ずかしい話、生徒に飽きられたり、寝られてしまったことは何度もありました。

もっとも始末が悪かったのは、講義に生徒が来なくなってしまったことです。これを業界用語で「授業を切る」といいます。

塾や予備校の講師が生徒に授業を切られたらおしまいです。「この先生の講義を聴いても時間のムダだ」――そう思われてしまったということです。

自分自身の知識レベルや理解度がある水準に達しているからといって、そ

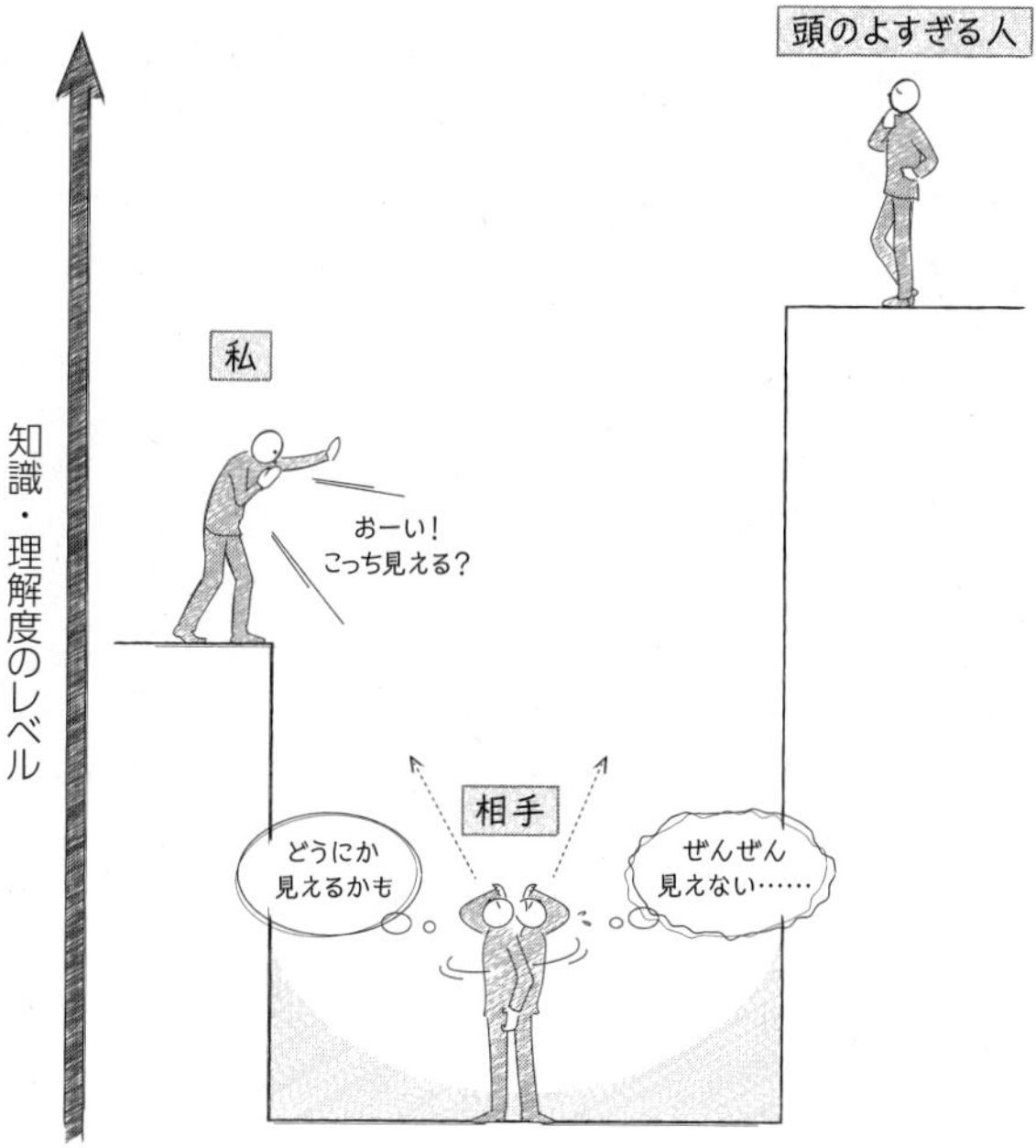
頭のよすぎる人
私
知識・理解度のレベル
おーい！
こっち見える？
相手
どうにか
見えるかも
ぜんぜん
見えない……

れだけで相手にしっかりわかってもらえる説明ができるというわけではないことを痛感しました。

相手にしっかり理解してもらうための説明ができるというのは、自分の学力と別次元であるということをその経験から学んだのです。

これは、ある予備校のベテラン講師から聞いた話です。

その方が言うには、「自身の知識や理解度が未熟なときのほうが、生徒の気持ちがわかった」と。年齢を重ねていくうちにご自身の知識や理解度が増して、「逆に、生徒が何がわからないのかが、だんだんわからなくなってきた」と話されていました。

私は、その先生の学力レベルには到達していないのですが、40歳直前になって、その感覚がなんとなくわかってきました。

要は、**自分の知識や理解度が上がれば上がるほど、相手のレベルから遠ざかってしまい、より一層のレベルのギャップができてしまう**のです（前頁図）。

ただ、自分の知識や理解度のレベルが上がっていくことは決して悪いことではありません。むしろ率先して行っていくべきであり、大切なのは、そこでできたギャップをどう埋めていくかなのです。

その埋める方法が、本書でいう説明スキルなのです。

IKPOLET

わかってもらう説明に必要な「たった1つのこと」

このように、自分と相手の知識や理解度にギャップがあるとき、説明によって解消するための必要条件とはなんでしょうか？

それは、1つしかありません。

〝理解の階段〟と私が呼んでいるものがあります。**説明する人はその〝理解の階段〟をつくることが絶対に必要**となります。この理解の階段を自在にコントロールすることができれば、聴き手の満足度は一気に高まります。

私の場合は、〝理解の階段〟を徹底的に意識したことで、約3カ月で受講

知識・理解度のレベル
さあ、
こっちにおいで～！
理解の階段
なんか、
上がれそうな
気がします！

生の数が2倍となるなど、支持者が一気に増えました。

それでは〝理解の階段〟とは、どんなものでしょうか。

「風が吹けば桶屋《おけや》が儲《もう》かる」という俗諺《ぞくげん》を聞いたことがありますか？

これは、2つの物事の間の原因と結果を探っていくときによく喩《たと》えで使われるものです。

でも、このフレーズを一度も聞いたことがないという人は、「風が吹いたら、なんで桶屋が儲かるんだ？」――そう思ってしまいますよね。

つまり、「風が吹くこと」と「桶屋が儲かること」の〝つながり〟がまったくみえないのです。これを次のように説明したらどうでしょうか。

【説明例】

「風が吹けば桶屋が儲かる」というのは、次の7つのステップで考えると、そのつながりがみえてくるんです。

Step1　風が吹くと土ぼこりが立ちます

Step2　土ぼこりが目に入って、視力の悪くなる人が増えます

Step3　視力の悪くなった人は三味線を買います（当時、視力の悪い人が就《つ》ける職業に由来）

Step4　三味線の素材となるネコの皮が足りなくなり、ネコの捕獲が行われます

Step5　ネコが減れば、ネズミが増えます

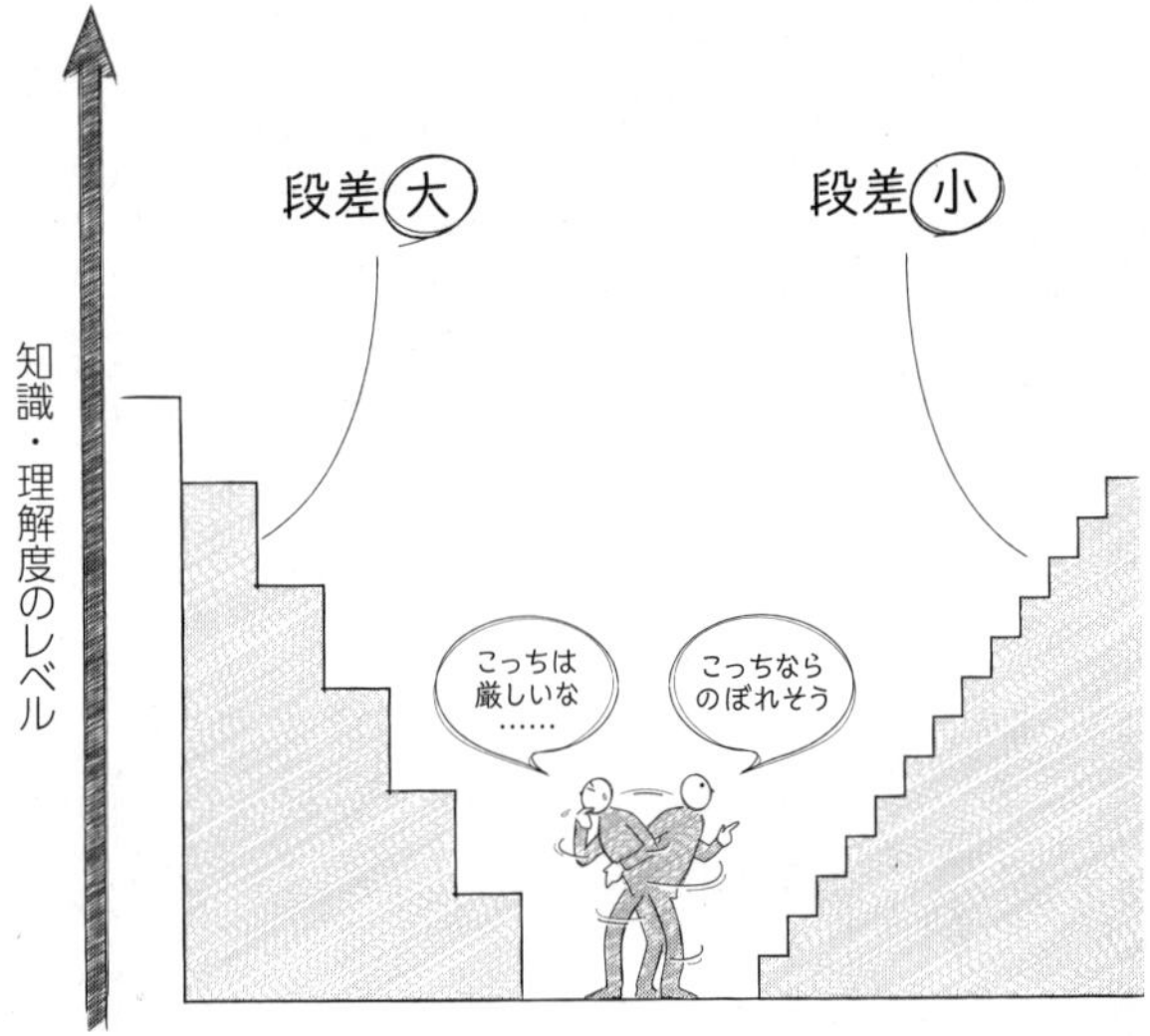
知識・理解度のレベル
段差大
段差小
こっちは
厳しいな
……
こっちなら
のぼれそう

Step6　ネズミが増えれば、桶がかじられます

Step7　桶がこわれることで、桶の需要が増え、桶屋が儲かります

このように、「風が吹くこと」と「桶屋が儲かること」のあいだをいくつかのステップに刻んであげることで、その〝つながり〟がみえてくるのです。

このような〝つながり〟をつくるテクニックが、〝理解の階段〟をつくる説明スキルの1つなのです。

なお、この〝つながり〟をつくるテクニックは、第1部Step5の「原因と結果」で詳しくお話しします（本来、この「風が吹けば桶屋が儲かる」は、原因と結果の関係を見出しにくい2つの物事を強引に結びつけたときのことを比喩的に表しているようです）。

また〝理解の階段〟をつくる上で気をつけなければならないのが、その段差です。

右の図にあるように、あなたとその相手の間に知識や理解度に大きなギャップがあればあるほど、できるだけ1つあたりの段差を小さくします。

そのぶん、段差をたくさん刻むのです。

逆に、この段差が大きく、その段数が少ないとき、相手はなかなか理解してくれないのです。

IKPOLET

あなたの説明がわかってもらえない「3つの原因」

ここで、この〝理解の階段〟をつくる具体的な方法に入る前に、まず、なぜこの〝理解の階段〟がすぐにつくれないのかについてお話ししておきます。

こちらがどんなに懸命に説明しても、相手にわかってもらえないときってありますよね。

この原因については、さまざまな文献を調べたり、同僚の予備校講師や知人の教員にインタビューを行ったりした結果、次の3つにたどり着きました。

原因1 **相手が説明を聴くための態勢をとれていない**

原因2 **そもそも自分自身が内容をよく理解していない**

原因3 **相手のもっている知識を自分が把握していない**

イメージは下の図のような感じです。

これらを1つひとつ、もう少し詳しくみていきましょう。

IKPOLET

説明は、聴いてもらわないと何も始まらない

まずは、原因1からお話ししていきますね。

相手に説明して、ちゃんとわかってもらうには、そもそもあなたの話をしっかり聴いてもらうところから始めなければなりません。

「何を当たり前な！」と思う方もいるかもしれませんが、実はこれがなかなか難しいのです。

どんなに精巧《せいこう》な〝理解の階段〟をつくっても、相手がこっちを向いてくれなかったら意味がありません。

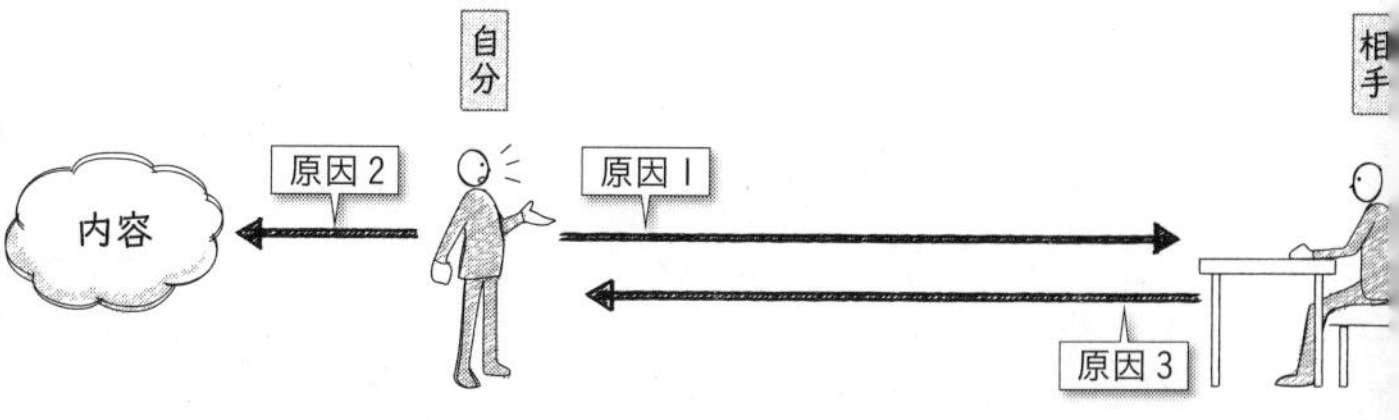

そのため、まずは相手に振り向いてもらって、聴く態勢をつくるところから始めなければならないのです（左図）。

私は20年近く塾や予備校で講義をしていましたが、実は一番気を遣ってきたことが〝いかに生徒に自分の話を聴いてもらうか〟ということです。

こういった話をすると、「そもそも予備校には勉強しに来ているのだから、みんな話を聴く態勢はとれているんじゃないの？」と言われます。

しかし、実際の現場はそんなに都合のいいことばかりではありません。

そもそも受験勉強自体に後ろ向きであったり、私が指導している「化学」という科目の性質上、嫌いだけど志望大学で必要な入試科目だから仕方なくやるといった子も少なくありませんでした。

化学は、大量の知識をインプットするだけでなく、イメージの湧きにくい高度な法則も理解しなければならないので、苦手科目になってしまうのも当然だと思います。

知識・理解度のレベル
おーい！
プイ

知識・理解度のレベル
今そっちに行くよ！
ウェルカム

私も苦労した立場の人間なので、そのしんどさは痛いほどわかります。そのため、まずは講義に対して生徒に前向きなスタンスをとってもらうこと——つまり、相手に自分の説明を聴いてもらうということが、説明するときの最初の壁なのです。

ちなみに予備校講師という仕事は基本的に1年契約なので、働きぶりが芳《かんば》しくなければ次年度の契約更新はありません。早い話が、クビです。

ですので、相手が聴く態勢になっていない説明は、説明として機能しない——そんなリスクを予備校講師は痛いほどわかっているのです。

IKPOLET

自分自身がわかっていないことも……

説明をわかってもらえない原因は以下の3つでしたね。

原因 I 相手が説明を聴くための態勢をとれていない

原因2　そもそも自分自身が内容をよく理解していない

原因3　相手のもっている知識を自分が把握していない

　ここからは、2つ目の原因である「そもそも自分自身が内容をよく理解していない」についてお話ししていきます。

　元も子もない話ですが、説明する本人がその内容についてちゃんとわかっていないケースです。

「えっ、説明する側がちゃんとわかっていないことってあるの？」――そう思われる方もいるかもしれませんが、実際にはけっこうあるのです。

　説明する側が、話している途中で、「あれ？　これって、そもそもなんでだっけ？」――そんなことが頭をよぎったり、そもそもそういったことすら思わないでテキトーな理解のまま説明してしまうことがあります。私も講師として駆け出しの頃は、けっこうな頻度で自分の理解不足から生徒に迷惑をかけてしまったことがありました。

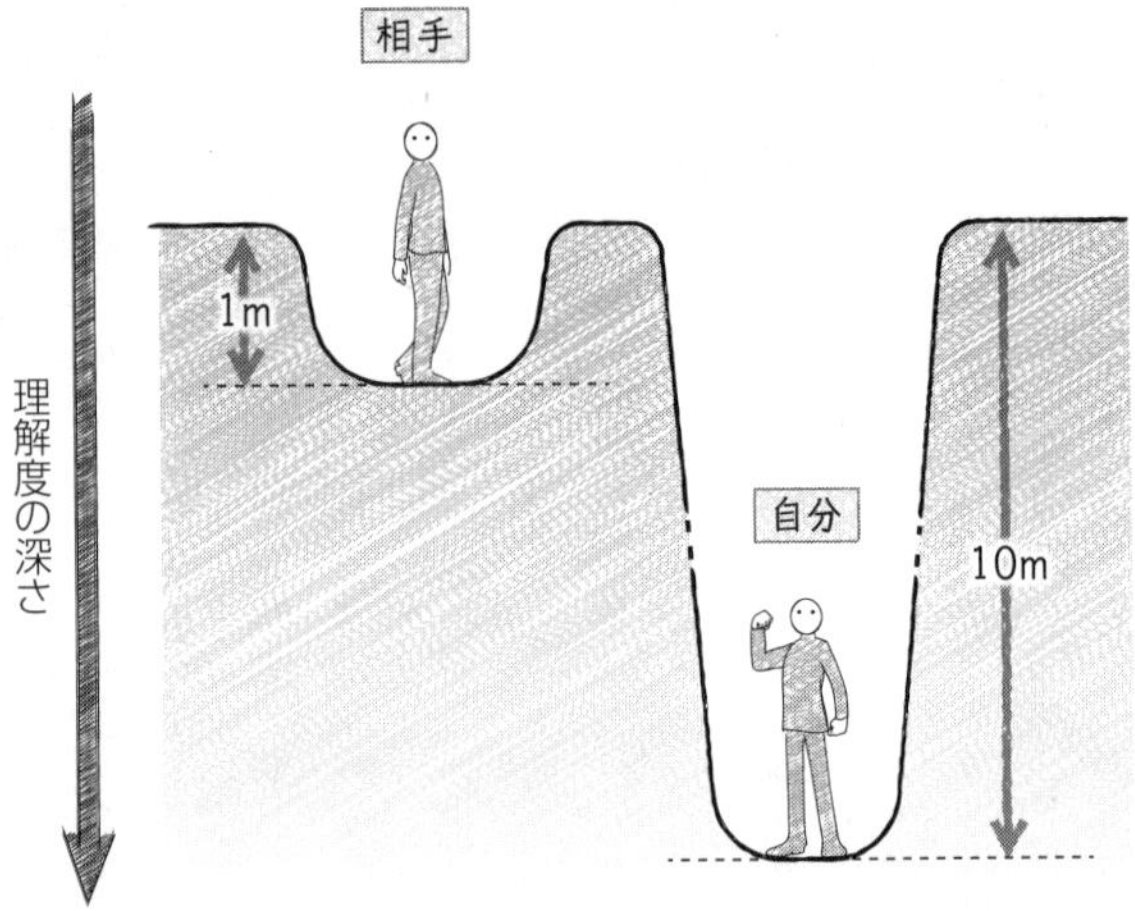

当たり前のことではあるのですが、説明する側がしっかりわかっていないことは、相手にちゃんとわかってもらうことは不可能です。

つまり、**自分が深くまで理解しているからこそ、相手にしっかりわからせることができる**のです。

予備校も含め、教育の世界では、「1」を教えるためには、「10」まで知っておかなければならないとよくいわれるのですが、それは本当にその通り。

深くまで理解している、という文脈でいうと、「相手に1mの深さまでわかってもらう説明をするなら、自分はあらかじめ10mまで掘っておく必要がある」――このように私は考えています（右図）。

相手に理解してもらいたい深さよりも、自分自身はもっともっと深くまでわかっておかないと、理解してもらうための説明にはならないのです。

あなた自身がしっくりきていないことや腑《ふ》に落ちていないものは、どんなに頑張って説明しようとしても、相手に突き刺さることはありません。その ため、説明する側は、事前に頭の中でシミュレーションを済ませておく必要があります。

そして、その説明で自分がしっくりくるかどうかを考えてから説明を始めるようにしなければなりません。

できれば実際に声に出して、自分の耳で自分の説明を聴いてみることをお勧めします。声に出してみると、案外違った感じで聞こえるものです。この方法は、思っている以上に簡単で効果的です。

IKPOLET

そもそも、〝わかる〟とは何か？

先ほどお話ししました〝理解の階段〟がつくれない原因は次の3つでした。

原因1 相手が説明を聴くための態勢をとれていない
原因2 そもそも自分自身が内容をよく理解していない
原因3 相手のもっている知識を自分が把握していない

最後に、原因3の「相手のもっている知識を自分が把握していない」についてお話ししていきます。

この原因3を説明していく前に、そもそも〝わかる〟とは何かを先にお話ししておきますね。

それをわかってもらってからのほうが、原因3の理解が深まりますから。

平たく言ってしまいますと、**〝わかる〟とは「自分がすでにもっている情報（知識）と、新しい情報とがつながること」**です。

たとえば、自分がAという情報をもっていたとしましょう。

そこにBという新たな情報が入ってきたとします。このとき、頭の中で「A、B」がそれぞれ別の状態で記憶されたら、Bをわかったことにはなりません。

「A―B」のようにつながった状態で頭の中に保存されるということが、「わかった」ということになるのです（右図）。

つまり、**〝わかる（理解する）〟という行為は、「すでにもっているものと新しいものをつなげる」という作業**なのです。

カッコよくいうと、**〝わかる〟とは「情報同士のネットワーク化」**です。

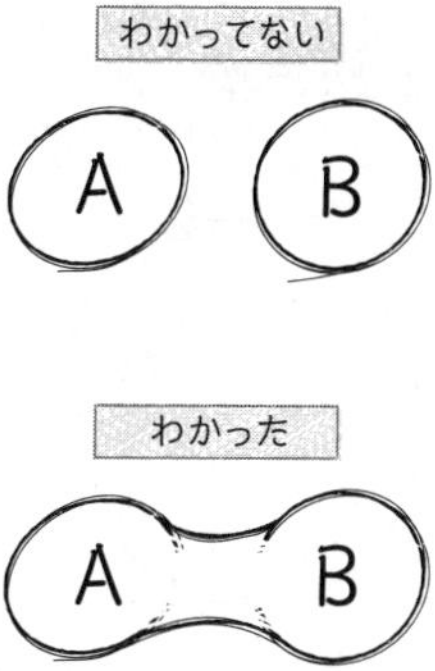

IKPOLET

知識がないと理解できない

ここで、気をつけなければならない大前提をお話ししておきますね。

それは、**説明して相手にわかってもらうには、あなたが説明の中で新たに追加する情報と、相手がすでにもっている情報（知識）を必ずつながなければならない**、ということです。

別の言い方をすると、もし相手に知識がまったくなかったら、説明をわかってもらうことは不可能だ、ということです。

もちろん、普通に生活している以上、もっている知識がゼロという人はいません。

だからこそ、説明によって相手にわかっても

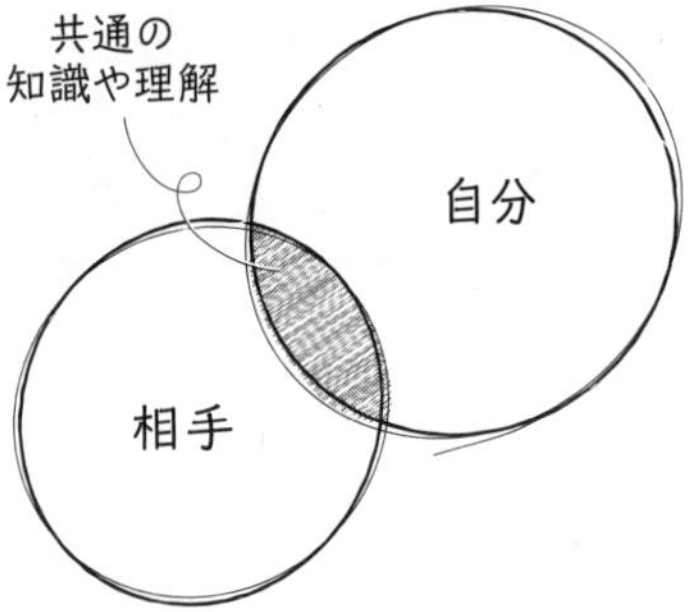

らうことは絶対に可能なのです。

大切なのは、**「相手がどの程度の知識をもっているのか？」「相手はどんな認識をしているのか？」――こういったことを、説明する側があらかじめ知っておかなければならない**ということです。

このへんに関しては第1部Step2で詳しくお話ししていきますが、まずは大まかにでも**自分と相手の共通の知識（情報）、つまり共通して知っていたりわかっていたりする部分を事前に探っておく**のです（右図）。

これをないがしろにしてしまうと、相手がチンプンカンプンになってしまうリスクが非常に高まります。

相手のもっている知識を自分が知らないと、自分の説明は相手にわかってもらえないのです。

なぜ、相手の知識がわからないのか？

相手のもっている知識や理解度レベルが、さっぱりわからなくなってしまうことがあります。

常日頃高度な内容を扱っていて、説明にあまり慣れていない学者や専門家の方、エンジニアのような技術職の方によく見られるように思えます。

その原因はなんでしょうか？

相手が「A」という知識をもっていて、そこにあなたが難易度の高い「B」をわかってもらうための説明を試みたとしましょう。

先ほどもお話ししたように、その「B」の説明の際、もしあなたが相手の知らない言葉を使って説明すれば、「A—B」にすることはできません。

相手の知識に新たな知識を結びつけることができないので、相手は「まったくわからない」という状態に陥ってしまうのですね。

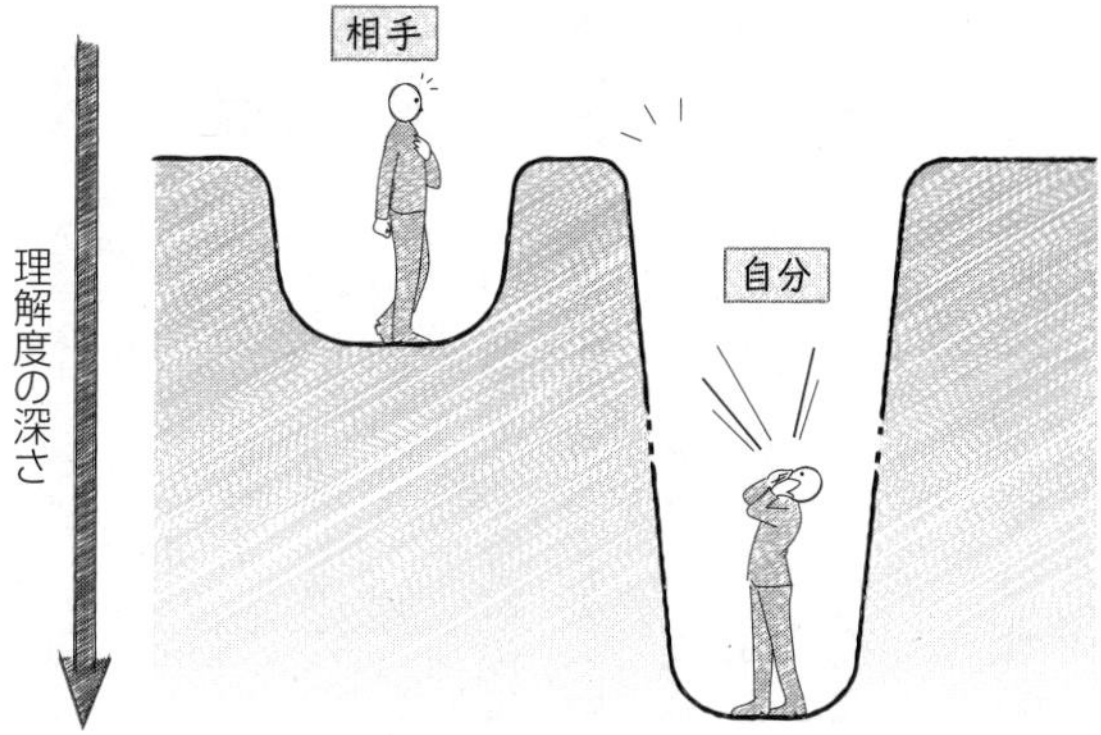
相手
自分
理解度の深さ

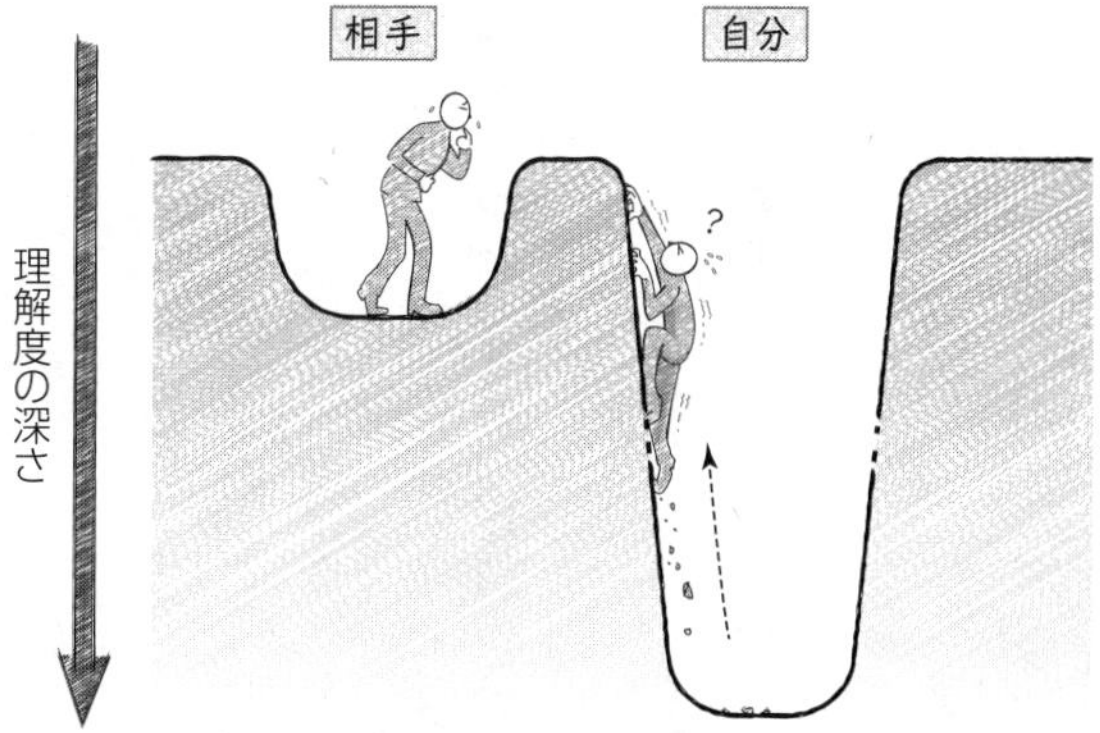
相手
自分
理解度の深さ

これでは新しい知識体系はできず、行動に変化は生まれません。

つまり、学習が起こらないのです。

この原因は、説明する側が深くわかっているにもかかわらず、自分が掘った〝理解の穴〟から抜け出さないまま説明しているためです（前頁上図）。

説明する側がこの〝理解の穴〟から抜け出さなければ、相手に理解してもらうことはできません。

わかりやすい説明をするためには、話し手がいったんその〝理解の穴〟から抜け出す必要があるのです（前頁下図）。

実際に、**学者やエンジニアのような博学の方は、この〝理解の穴〟を掘ったプロセスを本人がわかっていないことが多く、自力でその〝理解の穴〟から上手《うま》く抜け出せなくなってしまう**のです。

たとえば、ノーベル経済学賞を受賞したダニエル・カーネマンらの行動経済学の主要な理論である「プロスペクト理論」を、説明の中に入れたとしましょう。このとき、教育学者の方などは、「プロスペクト理論を動機付けで用いると……」――こういった説明をしてしまいがちです。

でも、一般的には「プロスペクト理論」の中身を知らない方がほとんどでしょうし、そもそも「動機付け」という言葉もあまりなじみがないと思います。

これは学者だけでなく、業界用語を多用するビジネスパーソンにもよく見受けられることです。

自分がすでに身につけた専門性の高い知識を、そのままの状態で説明の中に入れ込んでしまうと、相手はまったくわからない状態に陥る可能性が高まります。

どんなに高度で稀少な情報でも、説明の価値は、相手にわかってもらって初めて生まれるということを忘れないでください。

「相手に残る説明」の必要条件とは？

予備校講師は職業上、できるかぎり生徒の学力を効率的に伸ばさなければなりません。

入試までの期間もかぎられていますし、生徒は1教科だけでなく、少なくとも3教科、国立大学を受験する場合には7教科ほど勉強しなければなりません（小論文や面接を含んだら、もっと増えます）。

そのため、**予備校での授業はとにもかくにも学習効率を上げる（単位時間あたりの学習効果を高める）ことが必要不可欠**なのです。

つまり、なるべく1回の講義の中で生徒にしっかり理解してもらうことが、講師の腕の見せどころになるのです。

そして、**わかりやすい説明の1つの側面として、説明を受けたその子の頭の中にしっかり残るということがあります。**

先にもお話ししましたが、〝わかる〟とは「情報同士のネットワーク化」です。そのため、新しい情報を相手のもっている情報（知識）につなげる。そしてまたそのつなげた情報（知識）に新しい情報をつなげる。

とにもかくにも、**自分の説明を相手がわかってくれないのには必ず原因があります。**

そのほとんどが、**「説明を聴く態勢がとれていない」「自分自身がしっかりわかっていない」「相手の知識を把握していない」**のいずれかが原因です。

そのせいで〝理解の階段〟をつくるにいたっていないのです。

〝わかる〟とはこの繰り返しです。**相手の頭の中に残るわかりやすい説明をするためには、新しい情報を相手の頭の中につなげやすい状態で記憶してもらう必要がある**のです。

それでは、いよいよ第1部からは私が開発した〝説明の黄金フォーマット〟による〝理解の階段〟のつくり方を、実践的な説明フレーズとともに紹介していきます！

第1部 基本編

わかってもらう説明の黄金フォーマット「IKPOLET法」

IKPOLET

しっかりわかってもらう説明には〝型〟がある

「ジャンボジェットが空を飛んでる原理って、ちゃんと証明されていないの知ってた？」

一瞬、体が硬直しました。

「この人、急に何言い出すんだ？　ってか、その話ってマジか!?」

予備校に勤務していたときに、物理講師の友人から話しかけられたときのことです。

私はすかさず「それって、どういうことと!?」と、彼の話に食いついてしまったのです。

物理学的にいうと、どうやらジャンボジ

エットなどの飛行機の類《たぐ》いは、いまだに飛ぶ原理とされているナビエ－ストークス方程式が完全に証明できていないらしく、それでもああやって日々飛びかっているのって面白いよね、ということを彼は伝えたかったようです。

彼は「そもそも流体の質量と運動量の保存に関してね……、そして流体力学の観点でいうとね……」と続けました。物理学にさほど興味のなかった私なのに、彼の話にすっかり聴き入ってしまいました。その彼の説明は、内容そのものも面白かったのですが、何よりも説明の仕方が秀逸だったのです。

まず、興味の湧くフレーズから入って、そのあとに前提を話し、欠けているエビデンスは何なのかを明らかにする――彼の知的でわかりやすい説明には、ある種の〝型〟のようなものがあることに気づきました。

私はその日の講義で、彼がやっていた説明の〝型〟と思われるものをさっそく使ってみたのです。私の担当科目は化学なので、物理学を用いた飛行機ネタは使えませんでしたが、開口一番、次のようなフレーズで話してみました。

よく知られてる○○ってあるけど、あれって実際は××だって知ってた？

講義を始めた途端、生徒は身を乗り出して話を聴いてくれたのです。内容として小難しい化学の話に生徒がグイグイ食いついてきてくれるようになったのです。こうやって、毎日の講義でのトライ&エラーによって、必殺技ともいうべき知的でわかりやすい説明の〝型〟を見つけたのです。

「はじめに」でも触れましたが、**このように、日々の授業の実践を通して、繰り返し行って効果があったものを特定、分析する学問を「学習科学」といいます。**

私は駿台予備学校に10年間勤めましたが、実はその期間のすべての講義録を手帳に残しています。

それを今一度すべて分析し直し、余計なものを削《そ》ぎ落とした上で、ある説明用の〝型〟をつくったのです。その〝型〟が、これからお話しする

IKPOLET（イクポレット）法というものなのです。

IKPOLET

わかってもらう説明の黄金フォーマット「IKPOLET法」とは？

現在私は、東京大学の大学院で認知科学をベースに学習科学や認知心理学の研究を進めていますが、それはやはり私の根っこに「現場で実践して本当に効果のあったものを重視したい」という信念があるからです。

教育現場では、倫理的な観点や測定方法の困難さからも、実験的な学習の効果測定があまり行えないのが現状です。ですので、「実際にやってみたら、うまくいった」――この集積が教育研究においてはとても大切なのです。そこに、学術的な〝裏付け〟や〝ロジック〟を紐づけていくことで、より確度の高いものにしていくのです。

まさにそんな実践と理論の融合で生まれた説明の〝型〟が、このIKPOLET（イクポレット）法なのです。

IKPOLET法は、具体的には次の7つのステップでデザインされた説明用フォーマットです。「IKPOLET」とは、各ステップのアルファベットの頭文字をつなげたものです。

Step 1 興味をひく（Interest）

Step 2 聴き手の知識や認識にアクセスする（Knowledge）

Step 3 目的を示す（Purpose）

Step 4 大枠を見せる（Outline）

Step 5 つなげる（Link）

Step 6 具体化、事例、証拠を示す（Embodiment, Example, Evidence）

Step 7 転移（Transfer）

この各ステップを、第1部で1つひとつじっくり説明していきます。

なお、最初にお伝えしておくと、あなたがこれからする説明で、このステップをすべて踏む必要はありません。各ステップの順序が大幅に入れ替わらないかぎりは、その細かい順序もあまり気にしないでください。状況によってはその手順を飛ばしたり、入れ替えたりしたほうがいいこともあります。

大切なのは、**相手にしっかりわかってもらうための説明には〝型（フォーマット）〟が存在する**ということです。

ここではStep1のInterest（興味をひく）から見ていきますが、あなたの興味のあるStepから読んでいっていただいてもかまいません。

また、書き込むだけでIKPOLET法の説明台本が作成できるテンプレートも巻末に用意していますので、ぜひ活用してみてください。

それでは早速、Step1のInterest（興味をひく）からみていくことにしましょう。

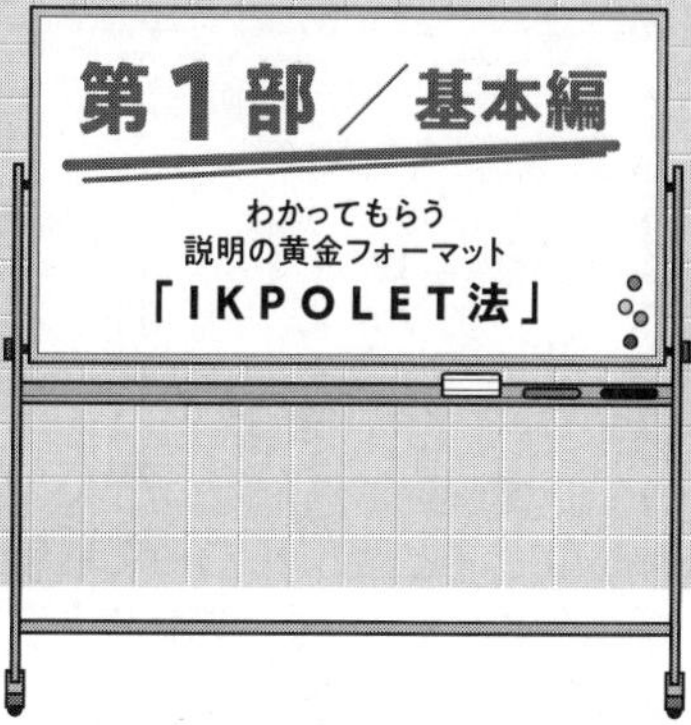

◉Step 1－「I」 Interest

興味をひく

IKPOLET

Step 1　興味をひく（Interest）

これがわかると、こんなことができるようになるんです！

これをわかっていないと、こんな悲惨な結果になってしまうかもしれません。

手垢のついたフレーズかもしれませんが、これらを説明の冒頭に入れるだけで、やはり聴き手の意識って変わってくるんです。私も、予備校の授業では、次の言葉をキラーフレーズとして多用していました。

これは絶対に入試で出るところで、……。
これができないと他の受験生に差をつけられちゃうよ。

「これのどこがキラーなんだか」

そう思う方もいるかもしれませんよね。

人によってはちょっと薄っぺらく聞こえてしまうフレーズかもしれません。あるいは「私の仕事では使えない……」という意見もあるでしょう。

ただ、このメカニズムを理解してもらえれば、どんな相手でも振り向かせることができるテクニックに化けます。

実は、このキラーフレーズの本質的な機能は、**人が誰しももつ〝欲〟と〝恐怖〟を刺激している**ことなのです。**〝欲〟はメリットをみせ、〝恐怖〟はデメリットやリスクを伝える**のです。説明する側は基本的に、「これから自分が説明することに対して、相手は後ろ向きという可能性があるな」――それくらいに思っておかなければなりません。

そのため、**まずは聴き手の意識を180度変えてこちらを向いてもらうところから始めます。**先の例で説明しましょう。

これは絶対に入試で出るところで、……。

このフレーズは、「それを知ったら即点数につながる！」という受験生の〝欲〟を刺激することが目的です。

タテマエ抜きにして、受験生はとにもかくにも点数が欲しいのです。自分の行きたい大学に受かるために何が何でも得点力を身につけたいというのが本音なのです。

もちろん学問的な興味もあるかとは思いますが、先にもお話ししたように、受験生全員がすべての科目に対して前向きというわけではありません。嫌いな科目だって勉強しなければならない後ろ向きの状態が必ず存在します。

そのため、**自分の説明を聴いてもらうためには目に見えるニンジンをぶら**

下げるような言葉も極めて大切なのです。

まずは、**聴き手の〝欲〟を刺激することが説明の初めの一歩**なのです。

もし聴き手が大学に受かるということすらも〝欲〟に感じず、「勉強で点を取るよりも携帯ゲームのほうが好き」「大学に合格するよりも恋愛のほうがときめく」というような場合、私ならこう伝えます。

工学部に入ってプログラミングというものを勉強すると、キミが今はまっているゲームは自分でつくれるんだよ。それよりも、自分だったらもっとこうしたい！　っていう**ゲームもつくることができるんだ。一日中大好きなゲームをやっていたって誰からも文句を言われない**どころか、ユーザーから感謝されて、その上たくさんお金も入ってくるんだ。そっちのほうが人生、楽しくない？

あるいは、次のようにも伝えます。

もし、イイ男に出会いたかったら、優れた大学に入ったほうが確率高くなるよ。だって、そこには受験勉強という苦難を乗り越えて受かった人がいるわけだから、そんじょそこらのことじゃ投げ出さない頑張れる人のはずだ。それに、レベルの高い人たちが集まれば、それだけ将来のその人にとってのビジネスにも好影響を与えるはずだ。そんな将来性のあるイイ男って、若いだけの女性は選ばないと思うんだよね。それなりの教養があって、自分と同じ水準でコミュニケーションが取れる女性を好むんじゃないかな。そんなイイ男と出会うためにも、化粧品で外見だけを磨くんじゃなくて、勉強で内面を磨いてみないかい？　本当にイイ男って、内面をしっかり見てくれるはずだよ。そんなイイ男を、外見だけ磨いて今すぐ狙うよりも、内面を磨いてキミ自身がイイ大学に入ってから狙うのでも遅くないんじゃないかな？

かなり極端な言い回しかもしれません。ただ、ここで私がお伝えしたいのは、**聴き手が今もっている欲をもっと大きな欲に変えてあげればいい**、ということです。

私の経験上、相手の欲をまったく異なる別の欲にすげ替えても、短期的にはどうにかなっても、長期的にみると続かないことのほうが多いように思います。例えば、恋愛好きの女生徒に対して、「恋愛なんて、しょせん、形のない一過性《いっかせい》の幻だよ。そんなことより、受験勉強を頑張って、海外で働いたりしたほうが人生豊かになるよ」――このように、もともとの相手の欲をすげ替えることはお勧めできません。

それよりも、**聴き手が今もっている欲にかぶせて、それ以上の大きな欲にしてあげることのほうが効果は大きい**のです。

ですので、**まず説明する前に、相手の〝欲〟ってなんだろう――と徹底的に考えてみる**クセをつけてください。

IKPOLET

〝リスク〟は相手を動かす特効薬

これができないと他の受験生に差をつけられちゃうよ。

続いては、このフレーズについて解説していきますね。

このフレーズは、ストレートに言いますと、「他の受験生に負けてしまう可能性がある」という受験生の〝恐怖〟を刺激することを目的としています。

このテクニックは**恐怖訴求**と呼ばれるもので、よくテレビCMや電車の中吊り広告などで見かけることもあるかもしれません。

たとえば、「この○○をやらないと、脳卒中になるリスクが○倍に増える！」——このような煽《あお》り文句で視聴率を上げるテレビ番組や、部数を伸ばしている雑誌もあります。その内容が事実かどうかは別として、やはり**人は自分の**

リスクが高まるとなったら耳を傾けるものなのです。

これも「なーんだ、そんなことか」とか、逆に「あざといヤツだな」と思う方もいるかもしれませんね。それでも、**やはり人というのは「メリット」「デメリット」で動くもの**です。

特に、大学入試のような短期間で成果を出さなければならない状況ではそれが顕著に出ます。成果を出せなかったら、つまり合格できなかったらフリーターになってしまうという恐怖が、常に受験生についてまわります。

前述のダニエル・カーネマンが提唱するプロスペクト理論にもあるように、**人はできるだけ損失《そんしつ》を回避したいという心理状態をもつ**傾向にあります。

もちろん、ウソや過剰な表現は絶対に避けるべきです。

ただ、確実に相手がリスクにさらされるのであれば、説明する側は臆《おく》せずにしっかりとそのリスクを相手に伝えるべきです。

自分の利益のためではなく、相手のために「実際にその説明を聴いていなかったら、損をしてしまうよ」ということをしっかりと伝えるべきなのです。

生徒としては、その説明をしっかり聴かなかったら、理解が追いつかず、学業成績が低下するのは事実なのですから。

たとえ相手に疎《うと》まれようが、**実際に相手に起こりうるリスクは、説明の冒頭で相手にしっかりと伝えるようにすべき**なのです。

○○ 好奇心を刺激する意外性の打ち出し方とは？

ただ、実際問題として、毎度の説明で煽ってばかりいると相手との信頼関係に悪影響が出てくる可能性があります。

そんなときには、**意外性を打ち出す**ようにしています。

聴き手に「おっ!?」と思わせるのです。具体的には、私が講義をするとき、P60で紹介したフレーズを使います。

たとえば、「電池」というテーマでの講義の冒頭で、次のように語りかけます。

キミたちが毎日使っているスマホのバッテリー。その歴史って、カエルから始まってるって知ってた？

このように切り出すと、生徒は「マジで？」という顔になります。

続けて、次のように言います。

昔ね、イタリアのガルバーニというお医者さんがカエルの解剖実験をやっていたんだ。そのとき、たまたまカエルの両脚に、それぞれ異なる種類の金属が触れたんだよね。その瞬間、死んでるはずのカエルの脚が、ビクビクって痙攣《けいれん》したんだ！

それをたまたま居合わせたボルタという科学者が、そのカエルの痙攣をもとにして電池をつくったんだ。それがボルタ電池と呼ばれるもので、ボルタは電圧の単位のボルト（V）の由来にもなっているんだよ。

このように説明をすると、生徒がどんどんノッてくるのです。

「そうは言っても、好奇心なんて簡単に刺激できないよ」——こう思う方もいるかもしれませんね。確かに、慣れないうちは好奇心を意図的に刺激することにハードルを感じるかもしれません。

でも、あるんです、誰でもすぐに好奇心を刺激できるとっておきの方法が。

相手を食いつかせる2つの方法

その方法とは、「とりあえずこう話しておけば、相手はノッてくれる」という、説明下手だった私の鉄板のノウハウです。

それが次の2つです。

①一文に〝矛盾〟を入れる

②〝秘密〟を醸《かも》し出す

「一文に〝矛盾〟を入れる」というのは、たとえば「世界最弱のライオンとは？」のように「弱い」と「ライオン」という**相反するイメージの言葉を同時に入れる**のです。

「〝秘密〟を醸し出す」というのは、あなたの説明する内容が**これまでオープンになっていないということを匂《にお》わす**のです。

この2つのどちらかを使うだけで十中八九《じっちゅうはっく》、相手は食いついてきます。

ただ、これだけではよくわからないと思いますので、具体例も交えて1つずつ詳しく解説していきますね。

まずは①の「一文に〝矛盾〟を入れる」からいきましょう。

IKPOLET

人は「矛盾」に驚く

「そういえばさ、……あっ、やっぱいいや」——友人からこんなふうに言われたことはありませんか？　そのときって、なんかモヤモヤして、話の続きが気になったりしませんか？　「なんだよ。最後まで言えよ！」みたいな。

この「一文に〝矛盾〟を入れる」というのは、相手のそのモヤモヤ感を利用したものなのです。

人は、矛盾が出てきたときになんだか気になってしまう、そのモヤモヤした不快感をどうにか解決したい——そう思ってしまう生き物なのです（認知科学ではこの不快感を認知《にんち》不《ふ》協《きょう》和《わ》といいます）。

これを利用すると、多かれ少なかれ相手の頭の中に「？」を入れることができます。それで相手の興味をひくのです。

たとえば、次のようなフレーズです。

健康にいい毒があるって知ってた？

燃える氷って知ってる？

ポイ捨てしても環境破壊にならないペットボトルがあるんだよね。

つまり、「ちょっと変だぞ」と意図的に違和感を覚えさせるのです。

これは「毒は体に悪いもの」「氷は燃えない」「ペットボトルのポイ捨てはダメ」など、そもそも相手がもっているであろう認識を利用しているのです。

その逆をあえて衝《つ》いているテクニックなのです。

こうやって、**1つの文に、対義的なワードやフレーズを意図的に入れるのです。**

そのワードは、**極端かつ相手のイメージとかけ離れていればいるほど効果的です。**

ちなみに、「健康にいい毒」というのは毒物と毒薬の違いを、「燃える氷」

はメタンハイドレートを、「ポイ捨てしても環境破壊にならないペットボトル」は生分解性プラスチックをそれぞれ説明するときのフレーズです。

このように、一見矛盾しているように思えることをワンフレーズ、ないしはワンセンテンスに入れるのです。

ただ、ここで気をつけなければならないのが、**矛盾を提示して相手にモヤモヤ感を起こさせた場合、必ずそれを解消する説明をあとに続けることです**（その解消法は主に第1部Step5でお話しします）。なぜなら、相手がモヤモヤした状態のままだと、頭の中に生まれた「?」がいつまでも消えず、それが逆にノイズとしてずっと残ってしまうからです。

結果的に、そのあとの説明の妨げになってしまうのです。ですので、矛盾を表現したあとは、その矛盾を解消するための説明をセットで話すようにしてくださいね。

ちなみに、これは化学という科目の特性かもしれませんが、説明力アップのヒントになるかもしれませんので、念のためにお話ししておきます。

それは、**人は変化するものに対して面白いと感じる生き物**ということです。

この「変化」を、説明の中で意図的にアピールするのです。

私も講義で何度か化学実験を見せたことがありますが、目に見える大きな変化があった瞬間、生徒の目つきが変わるのです。瞳孔《どうこう》がパッと開いて、目がキラキラするのです。

たとえば、こんな化学実験をしたことがあります。

お米などに含まれているデンプンを水に溶かします。そのデンプンが溶け込んだ液体（透明）を三角フラスコに入れ、そこにイソジン®のうがい薬（茶色）を入れます。その瞬間に一気に液体は青紫色になります。

さらに、その水面にマッチをかざし、マッチから出てきた煙を三角フラスコの空いたスペースに溜《た》めます。

そして、煙が溜まってきたところで手で蓋《ふた》をし、大きく2、3回三角フラスコをシェイクします。

そうすると、液体が一瞬にして無色透明に戻るのです（次頁図）。

このように、**相手がほとんど想定できない変化を見せたり話したりすることで、意外性を演出でき、相手の好奇心を刺激することができる**のです。

同じ化学の話でも、これをやっていたら前述の彼女にはフラれなかったかもしれません（笑）。

なお、この実験結果にモヤモヤ感を覚えた方もいるかもしれませんので、この実験のメカニズムを簡潔に説明しておきますね。

興味がない方は読み飛ばしていただいても差し支えありません。

まず、デンプンの溶けた水にイソジン®のうがい薬を入れて色が変わるメカニズムは、小学生のときに理科の実験でやるジャガイモとヨウ素液の反応とまったく同じです。

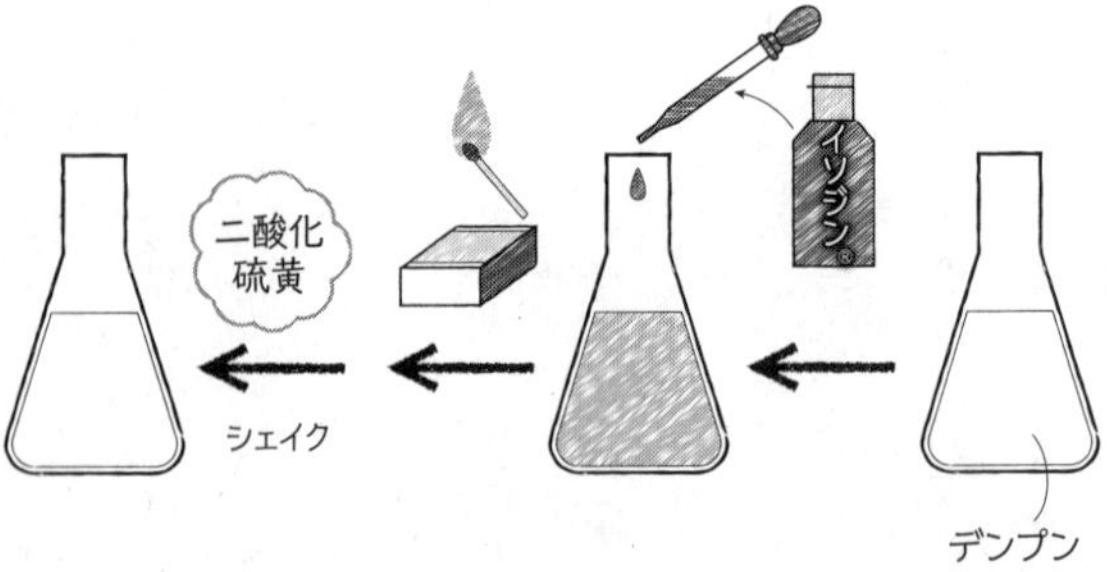

ジャガイモに含まれているデンプンとヨウ素がくっついて青紫色になるのですが、実はイソジン®のうがい薬にはヨウ素分子が溶け込んでいるので、デンプンの溶けた水の色が変わるのです。

さらに、マッチを燃やすと二酸化硫黄という気体が発生します。これがデンプンとくっついているヨウ素分子と反応して、ヨウ素分子がなくなってしまうので色が消えてしまうというしくみです。

IKPOLET

人は〝秘密〟が大好き

続いて、相手を食いつかせる2つ目の方法、「〝秘密〟を醸《かも》し出す」についてお話ししていきます。

これまでずっと言わないようにしていたんだけど、……。

こう言われたら、そのあとの話が気になってしまいませんか？

これは、その内容（情報）の稀少性を演出して期待感を高めているのです。

〝秘密〟という稀少性のアピールで、必ず相手は耳を傾けます。

アメリカの社会心理学者であるロバート・B・チャルディーニの名著『影響力の武器』（社会行動研究会訳　誠信書房）にも、「手に入りにくくなるとその機会がより貴重に思えてくる」といったことが述べられています。

つまり、〝秘密〟の演出というのは、その話の内容が手に入りにくいということをアピールしているのです。そして、誰でも「秘密を暴《あば》きたい」という気持ちがあるものです。

人は秘密を知りたい生き物なのです。その内容の稀少性を伝えるだけでワクワク感が生まれます。

「興味をひく」という目的においては、**自分（話し手）が秘密をもっているということを匂わせるくらいがちょうどいい**でしょう。

ですので、少し直接的に聞こえるかもしれませんが、次のようなフレーズを前置きに入れて説明を始めるのがいいかと思います。

これまで誰にも話したことがないネタなんだけど、……。

こういったフレーズを用いることで、相手は「あれ？ もしかして、秘密のことが聴けるのかな？」——そう思ってくれます。言葉には出さなくても、表情には確実に出ますね。

続いては、Step2の「K」をみていきましょう。

即効フレーズ

- 「●●がわかると、……ができるようになります！」
- 「●●がわかっていないと、……が起こるリスクが高まります」
- 「よく見る●●って、実は××なのって知ってた？」
- 「これまでずっと言わないようにしていたんだけど、……」
- 「他の人にはまだ話したことはないんだけど、……」
- 「初めて人に話すことではあるんだけど、……」

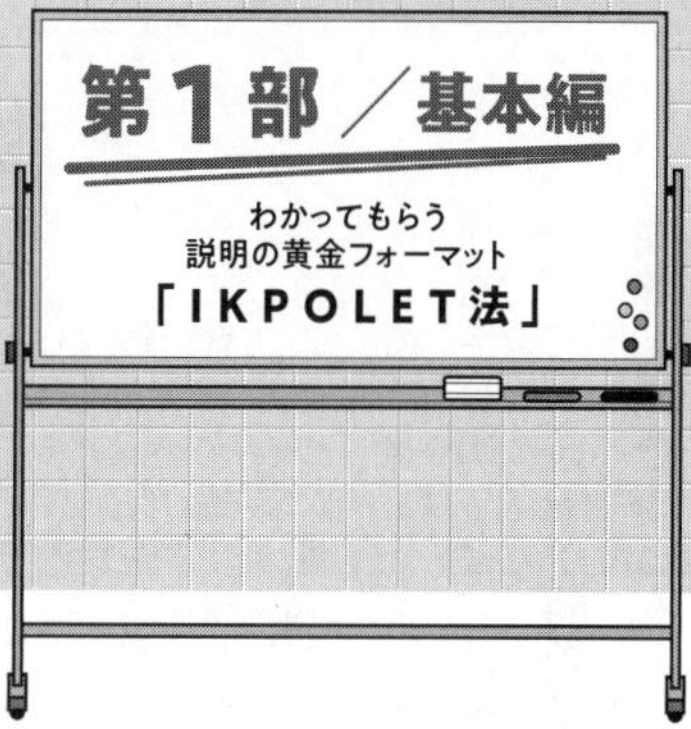

◉Step2－「K」 Knowledge

聴き手の知識や認識にアクセスする

Step 2 聴き手の知識や認識にアクセスする(Knowledge)

学校の先生や大学教授だけでなく、一流大卒の頭脳明晰《めいせき》なビジネスパーソンにも、なぜか説明がわかりにくいという人がいます。

その1つの原因が、その学問の専門用語や、その業界、業種でしか知られていない業界用語ばかりを使ってしまうことなのです。

相手が知らない言葉を、そのまま使って説明してしまうのです。

一方、**頭脳が明晰で、さらに説明が上手い人というのは、実は専門用語や業界用語をほとんど使いません。**

説明が上手い人ほど、専門用語や業界用語を使わないでもだいたい説明できてしまうのです。**本当に頭のいい説明とは、どんなレベルの内容も理解させることができてしまうもの**なのです。

このときの彼ら彼女らの説明を分析してみると、次の3つのスキルを使っていることが判明しました。

スキル1 **専門用語や業界用語は、小中学生でもわかる言葉に置き換える**
スキル2 **専門用語や業界用語を使うときは、一文に一ワードだけ**
スキル3 **専門用語や業界用語を使ったときは、注釈を入れる**

この3つのスキルを使い、専門用語や業界用語の取り扱いをコントロールしているのです。

つまり、**相手にしっかりわかってもらうには、相手の興味関心を知って引きつけた上で（Interest）、そこから相手のわかるレベルの知識だけで説明しなければならない**のです。

相手がすでにもっている知識（Knowledge）を把握し、そこにアクセスする――これが「わかってもらう説明の黄金フォーマット」Step2です。

この手順を踏まないと、説明そのものが成り立たなくなってしまいます。

これはイントロダクションのあなたの説明がわかってもらえない理由でお話ししたことにもつながっています。

そのためにもまず、「相手が何をどこまで知っているのか？」を探るところから説明は始めなければなりません。

「なんでわざわざ相手が知っていることを自分が把握しなきゃならないの？

正直、めんどくさい……」——そう思う方もいるかと思います。

ですので、もう少しそこを掘り下げてお話ししていきますね。

IKPOLET

なぜ、聴き手の知識にアクセスする必要があるのか？

イントロダクションでお話ししたように、そもそも「わかる」とは、相手がすでにもっている情報（知識）とあなたが伝える新しい情報をつなぎ合わせることです。

ですので、**相手にしっかりわかってもらうための大前提として、これからあなたが伝える新情報につなげるための知識が相手の頭の中になくてはなりません。**

なぜなら、もし仮に、**あなたがわかってもらおうとしている情報につなげられる情報（知識）が相手の頭の中になかったら、相手の頭の中で新たな〝情報のネットワーク化〟を起こすことができないからです。**

つまり、相手はあなたの説明で〝わかった〟状態にならないのです。

それを避けるためにも、まずは現時点での相手のもっている情報（知識）を把握し、そこにつなげていく作業から始めていかなければならないのです。

具体的には以下の4つの手順で行っていきます。

手順0 徹底した相手のプロファイリング

手順1 実際の相手の知識や理解度のレベルを知る

手順2 相手の知識や理解度のレベルと到達ラインのギャップを見積もる

手順3 そのギャップを埋める説明をする（Step3～7）

手順3は、これから続いていく各Stepで説明していきますので、ここでは手順0～2についてお話ししていきます。この手順を踏んでいくことで、相手の知識や理解度のレベルと、到達目標ラインまでのギャップがわかります。

さらに、そのあとにしていくあなたの説明のデザインが、非常にしやすくなるのです（左図）。

IKPOLET

説明に必要な〝プロファイリング〟とは何か？

まず、手順0です。

手順0としたのは、説明する前段階での作業だからです。

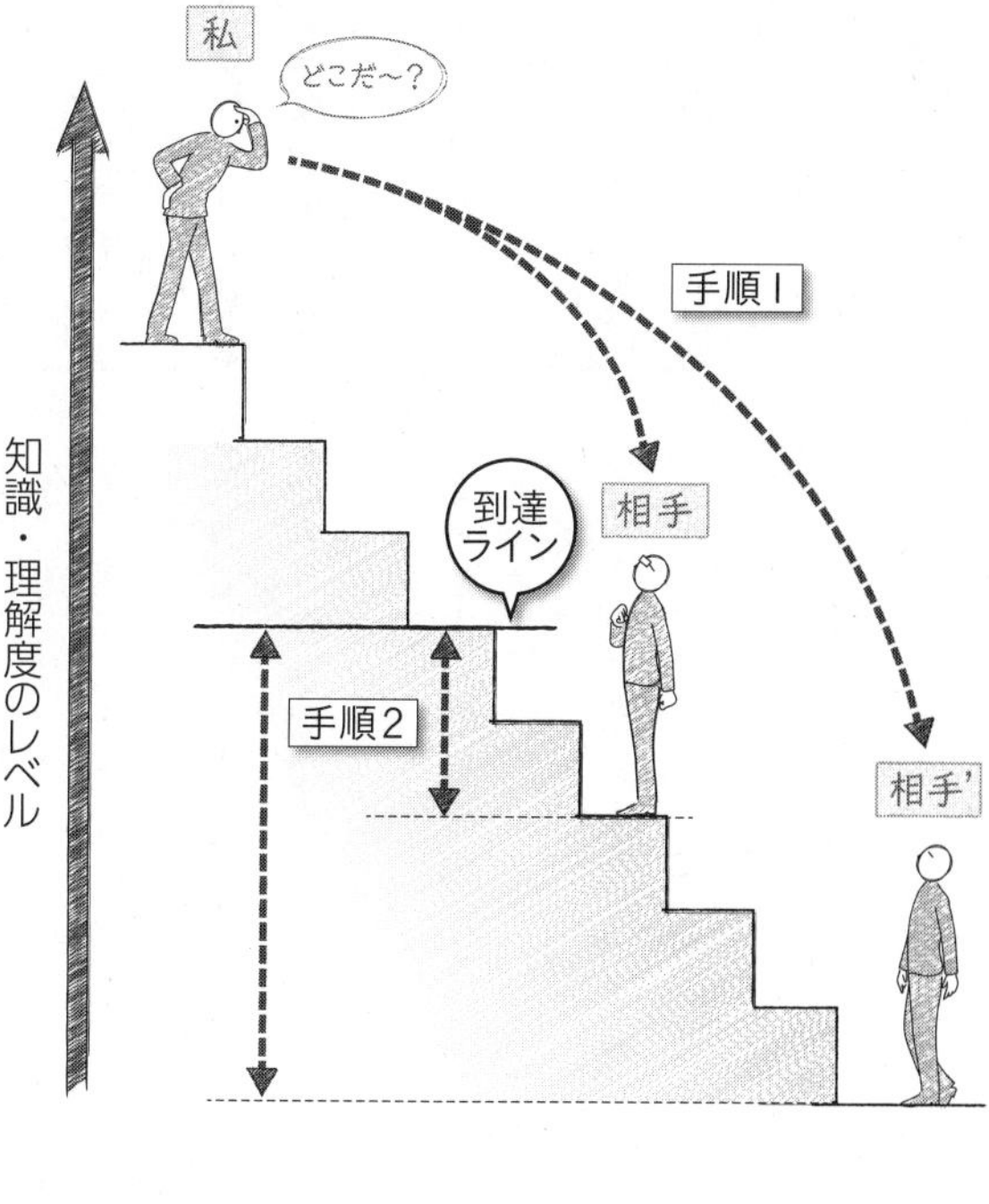
私
どこだ〜？
手順1
到達ライン
相手
手順2
相手'
知識・理解度のレベル

つまり、実際にはＩＫＰＯＬＥＴ法のＳｔｅｐ１「興味をひく（Interest）」の前に行う作業になります。

実は、しっかりわかってもらう説明を身につけている人というのは、**あらかじめ相手のリサーチを徹底的に行っている**のです。

相手に関する事前情報をできるかぎりかき集めます。この作業をプロファイリングといいます。

先日、人気研修講師で著者でもある友人に弊社主催のセミナー講演のオファーをしたときのことです。

私が、「〇〇なテーマで講演していただけませんか？」とオファーをしたところ、最初に発した言葉が、「参加者はどんな人たちですか？　できるだけ詳しい情報を教えてください」ということでした。

講演テーマを深掘りするよりも前に、〝どんな人が聴きに来るのか〟のほうがその方にとっては優先順位が高かったのです。

一流のプロフェッショナルにとっては、聴き手がどんな人なのかを知ることのほうが、話すテーマ以上に重要なのだと改めて感じました。

しっかりわかってもらう説明のためには、**相手が「どの程度の知識をもっているのか？」「どんな考え方をしているのか？」――こういった知識や理解度のレベル、さらにはマインドまで知ろうとすることが大切**なのです。

IKPOLET

なぜ、プロファイリングが大切なのか？

このプロファイリングをしていくときに大切になるのが、P52でもお話しした**自分の〝理解の穴〟からいったん抜け出すこと**です。

まずは、**あなたが説明しようと思っている知識やスキルを身につけてきたプロセスをいったん遡《さかのぼ》って、あえて初心者の立ち位置に戻る**のです。

自分の〝理解の穴〟から抜け出したあとに相手の理解の穴を覗《のぞ》き込むイメージでプロファイリングすることがコツです。

なぜなら、**自分の深い〝理解の穴〟の中にいたままでは、相手の〝理解の**

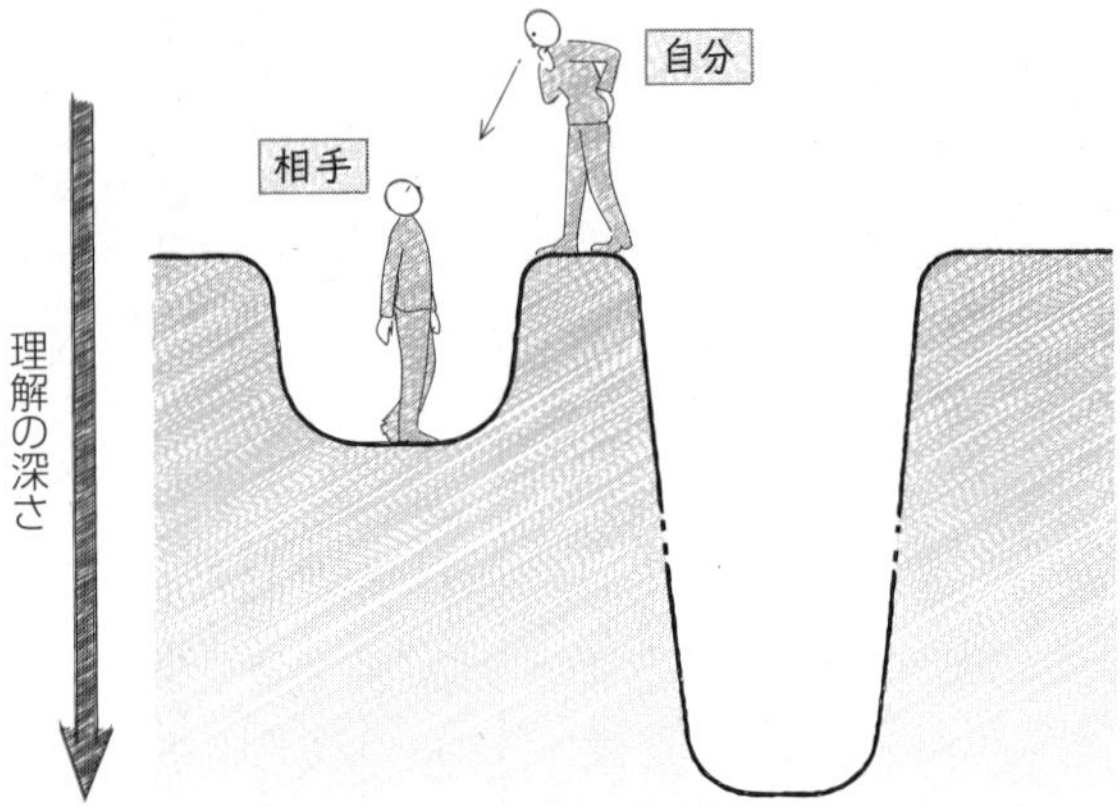

穴〟を見ることはできないからです。

わかりやすい説明のためには、相手の〝理解の穴〟がどのあたりにあって、その穴がどれくらい深いのかをできるだけ早い段階でつかむ必要があるのです。

それがプロファイリングの目的だと思ってください。

このプロファイリングにはさらなる目的があります。

それは、**相手の〝理解の穴〟を知り、その先にある理解の深化を妨げる障害物の存在を把握すること**です。

私はこの理解の穴にある障害物を

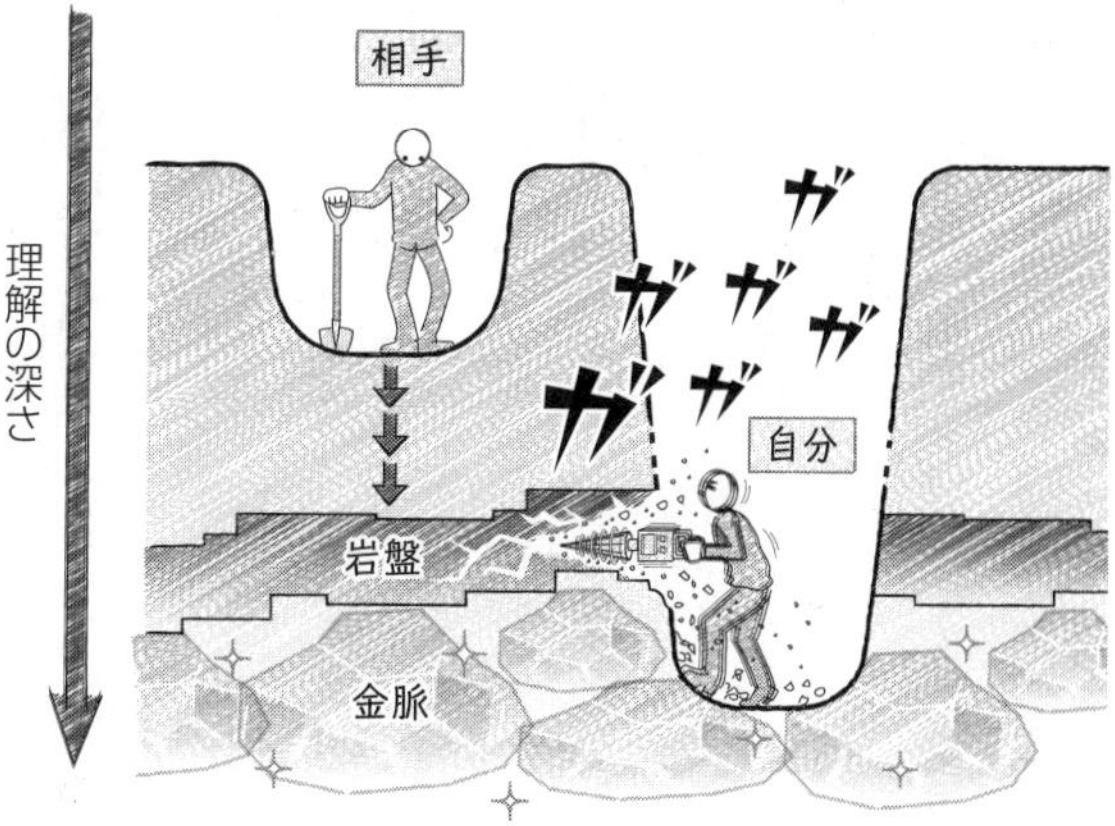

〝深化の岩盤《がんばん》〟と呼んでいます。

説明する側の人はできるだけ先回りして、相手の〝深化の岩盤〟を破壊してあげる必要があるのです。

なぜなら、その先には金脈が待っているのですから。

相手が深く理解したときに得られる甘い果実、つまり創造性や再現性のある知識やスキルです。

その金脈を掘り当てるためにも私たち説明する側の人間は、相手の〝深化の岩盤〟を砕くドリルの役割をしなければならないのです。

IKPOLET

何をプロファイリングするのか？

このプロファイリングでは、相手の「知識や理解度のレベル」以外にも、「年齢」「性別」「属性」「興味関心」や「目的・目標」「動機」「ニーズ」など、できるかぎりのことを調べておくと非常に効果的です。

特に、「**相手の興味関心は何なのか？**」――これはとても重要です。説明する側がそのことを知っているだけで、IKPOLET法のStep1「興味をひく（Interest）」の精度が格段に上がります。その結果、説明の幅もグッと広がるのです。

前述したアメリカの社会心理学であるロバート・B・チャルディーニも自著の中で、「**相手を説得するためには相手の関心のありかを見抜くことが大切だ**」ということを述べています。

相手にしっかりわかってもらうためには、そもそも相手がどんなことに興味を示したり関心をもったりしているのかをリサーチすることが必要なのです。

私の場合、予備校の講義で生徒と初顔合わせをする前に、生徒のそれまでの模試の結果や志望大学のリスト、さらには出身高校などをできるかぎり頭に入れます。

そのあとに、講義のイメージトレーニングを行って講義に臨むのです。そうすることで、生徒の興味関心にアプローチしやすくなり、生徒に響くフレーズが出しやすくなるのです。

そして、**わかりやすい説明をする人というのは事前の相手のリサーチにとどまらず、説明している最中にもプロファイリングを行っている**のです。

自分が発した言葉に対して相手が頷《うなず》くのか、それとも首をかしげるのか。視線や目の動き、瞳孔の開き方なども理解度を測る指標になるので、できるかぎり相手の観察をし続けるのです。自分のしている説明が相手に浸透していないようであれば、表現方法や説明の切り口を変えてリトライもします。

そのためにも、説明中は相手の観察を絶対に欠かさないのです。

ここで意識してほしいことが、1つあります。

それは、**説明する側は「相手に過度に期待しない」**ことです。相手を見下すというわけでは決してありません。

ただ、**説明する側が深くまでわかっていることでも、相手にとって新しい情報というのはこちらが思っている以上に難しく感じてしまう**ものです。だからこそ、相手をリスペクトしつつも、過大評価《かだいひょうか》はしないように心がけておくのです。

私自身も、過度に生徒に期待してしまったことが原因で、危うく授業をダメにしてしまいそうな経験をしました。

予備校で化学の講義を受けるときというのは、「生徒は元素記号1〜20番までを知っていて当然」というのがそれまでの私の考え方でした。

ただ、ある日の授業で生徒の何人かが「水兵リーベーボクの舟」（元素記号の覚え方の1つ）すらほとんど知らなかったということがあったのです。

その事実は私にとってかなり衝撃的でした。炭素Cの原子番号が何番なのかを知らないというのは、当時の私には想像もできませんでした。

ですので、会議や朝礼、プレゼンやセミナーでは、びっくりするくらいわからない人が聴き手の中にいるということは覚悟しておいたほうが賢明です。

そのことを想定しておけば、逆に対策を講《こう》じる手立てにもなりますから。

「まぁ、さすがにこれくらいのことは相手も知ってるだろうなぁ」などと**過度に相手に期待してしまうと、自分と相手とのズレになかなか気づけなくなる**のです。そういったズレを少しでも回避するためにも、プロファイリングを徹底して行うのです。

これこそが本当の意味での「相手目線に立つ」ということだと私は考えています。

ちなみに、**プロファイリングを徹底している人というのは、相手にしっかりわかってもらいたいという情熱も必ずあわせもっています。**

説明する側からしたら、相手はどうしても情報弱者になってしまいます。

そのときに、相手に対して誠意や敬意がないと、説明しているときについつい上から目線になったり、言葉の端々に相手を見下す発言が出てきたりしてしまいます。

逆に、**あなたが相手にしっかりわかってもらいたいという情熱をもっていると、その想いは相手にも伝わる**ものです。

それが結果的に相手の聴く姿勢を前向きにし、相乗効果でより一層理解を深めることができるのです。

IKPOLET

すべては相手のリアクションから

続いて、手順1「実際の相手の知識や理解度のレベルを知る」をみます。

手順0　徹底した相手のプロファイリング

手順1　実際の相手の知識や理解度のレベルを知る

手順2 相手の知識や理解度のレベルと到達ラインのギャップを見積もる

手順3 そのギャップを埋める説明をする（第Ⅰ部Step3～7）

この手順の**軸にあるのは、相手のリアクション**に他なりません。

リアクションというのは、こちらが仕掛けたものに対するアウトプットだと考えてください。

そのアウトプットとして、具体的には次の2つの方法で相手の知識や理解度のレベルを判断します。

方法1 **言語化によるアウトプット⇩7つの質問の利用**

方法2 **視覚化によるアウトプット⇩診断的評価の利用**

方法1は、理解の深さを測る「7つの質問」というものを利用します。

そして、方法2は、「診断的評価」を利用するのですが、これは大まかにいうと事前テストのことです。

ちなみに、専門用語でアウトプットのことを「外化《がいか》」といいます（インプットは「内化《ないか》」といいます）。

教育心理学の世界では、教えていくときの手順として、通常「内化→外化」の順でモデルが示されます。ただ、**聴き手がどんな理解レベルかもわからないのであれば、内化から始めるのはリスキー**だというのが現場での感覚です。

「相手のもっている知識が何なのか？　どこまで理解できているのか？」――こういった相手の情報をもとに説明を行っていかなければ、相手に浸透する説明はできないと考えています。

ただ、この手順1は厳密にできなくてかまいません。相手の理解の深さを正確に知ることはかなり難しいことですし、実際問題として時間が許さないと思います。そのため、この手順1は〝だいたい〟のことがわかれば、それでOKとしてください。

それでは、方法1と2をそれぞれみていきましょう。

IKPOLET

方法1 ～7つの質問～

「相手にしっかりわかってもらうための説明スキルとして、現時点であなたが大切だと思っていることを教えてもらってもいいですか？」

もし私が、読者であるあなたに直接質問できるとしたら、このような質問を投げかけます。

なぜなら、この質問の回答をあなたからもらうことができたら、私はあなたに最適なレベルの説明ノウハウや、そのスキルトレーニングの具体的な方法をお話しできるからです。

現時点でのあなたの知識や理解がどういったものなのかを私が知ることは、あなたに「わかってもらう説明」を理解してもらう上で非常に重要な要素になるのです。

相手に質問できる状況であれば、まずそこから始めるべきです。

質問する目的は、**相手のもっている知識を言語化してもらう**ためです。「そもそも、相手はどれくらいまでわかっているのか？」ということを質問のリアクションで確認するのです。そのときに使えるとっておきの質問項目を紹介します。

それが、次にある理解の深さを測る「7つの質問」というものです。

①これ、どういうものか教えてもらえないかな？　～現状把握～
②そもそも、これって何？　～定義や分類・フレームの明確化～
③これはどこに位置する？　～全体と部分の把握～
④なんでそうなったの？　その結果、どうなるの？　～因果関係の理解～
⑤なんのためにやるの？　どうやってやったの？　～目的と手段の判断～
⑥つまりは？　具体的には？　～抽象化と具体化～
⑦証拠は？　しくみは？　～エビデンスとメカニズムの提示～

この質問は、イギリスのエジンバラ大学の名誉教授で教育心理学者でもあるノエル・エントウィスルの著作を参考にして私がつくったものです。

この①～⑦の項目を適宜相手に質問し、その回答で相手の理解度をおおざっぱに判断します。

もちろん、この質問だけですべてを測ることはできません。質問だけではわからないことももちろんあります。ただ、少なくとも相手がこういった質問にスムーズに答えられるかどうかは、1つの判断基準になるのは間違いありません。

基本的には項目①からスタートします。そして、わかってもらいたい内容や到達ラインに合わせて、項目②～⑦を2つ3つ質問してみてください。そのすべての質問について正確に回答できているのなら、その時点でかなり理解できていると判断してかまいません。一方、質問のほとんどに答えられなかった場合には、そこを中心に説明のデザインをしていけばいいのです。

具体的な手順をお話ししましょう。

まず項目①を使って、相手にいきなり説明してもらいます。

この項目①の質問は、実は残り6つの質問全体を包括しているのですが、目的は現時点で相手がどこまで自身の知識やスキルを表現できるのかをみることです。

その上で、残りの項目②〜⑦までを適宜質問していくのです。

たとえば「人工知能とは何か？」ということをしっかり理解してもらいたいとしましょう。このとき、質問の目的は、「人工知能について相手がどこまで知っているか」ということを知ることです。

これを項目①を使って質問すると、

人工知能について、今あなたが知っていることを教えてもらってもいいですか？

こう直接的に聞いてしまうのです。

もし仮に、相手に対して直接質問ができないような状況であれば、

最近話題になっている人工知能ってご存じですか？

このように全体に向かって質問を投げかけていくようにします。その質問で相手の頷《うなず》き具合などのリアクションが薄いようでしたら、単刀直入に、

人工知能というものを知っている方、手を挙げてもらってもいいですか？

とするのもいいですね。そこで相手が、「人工知能という言葉は聞いたことがあるけど、いまいちよくわからない」――こんな程度に、相手の知識レベルがそのあたりだということがわかれば、まずは第一関門クリアです。

私も実際の講義では、

この単元、もう学校で習った？

などの質問を投げかけて、生徒の履修《りしゅう》状況をまず確認するところから始めます。これくらいは最低ラインとして知りたいところです。

さらに先ほどの人工知能《じんこうちのう》の説明では、理解してもらいたいレベルの到達ラインに合わせて、

そもそも、人工知能の定義って知ってる？（項目②）

人工知能って、どんなことに利用されているか知ってる？（項目⑤）

などの質問をしていくのです。

ちなみに、説明している最中に、**相手の顔つきや頷《うなず》きの有無などリアクションを観察し、仮に反応が鈍かったら、相手が「それなら知っている」とい**

うレベルまで下げて言葉を投げかけ続けるようにしましょう。

人工知能の例でいうと、「人工知能」という単語はもしかしたら小学生などは知らないかもしれません。ですので、そういったときは「ロボット」や「脳みそ」などの単語を使い、

ロボットの脳みそとかに使われている人工知能というものがあってね、……。

このように、**相手が確実に知っているという知識レベルまで落とし込んだ前置きを入れ、必ず相手のリアクションを見続けるクセをつけましょう。**

なお、**この7つの質問は、説明前に相手がどこまでわかっているのかを調べるときに利用できますが、説明したあとに、相手がどこまでわかってくれたかを知るときにも活用できます。**

説明後にその質問に答えることができているようなら、あなたの説明をしっかり理解してくれている可能性が高いといえます。

この7つの質問は、ビフォーアフターで使える優れものなのです。たとえば私が生徒から質問を受け、それに回答した直後にその生徒にこんな質問をします。

今ボクがキミに説明したことを、今度はキミがボクに説明してみてくれないかな?

このような質問をその生徒に投げかけ、その子が私と同じような説明ができるレベルまでわかってくれたかどうかを確認します。

繰り返しになりますが、もちろん、しっかりわかってくれているかどうかは、この質問だけで測ることはできません。

ただ、少なくとも相手がこういった質問にスムーズに答えたり、**相手に説明してもらったりするのは、理解の深さを測る上でもとても効果的**だということは覚えておいてくださいね。

IKPOLET

方法2 ～診断的評価～

相手の知識や理解度のレベルを判断する2つ目の方法として、説明する前にペーパーテストをしてみるというものがあります。

これは、**相手のもっている知識を視覚化する**ことが目的です。このような説明前のテストのことを診断的評価といいます。

そのテスト結果を見て、そのあとに展開する説明のデザインを練っていくのです。

この方法は、**聴き手の数が多くて1人ひとりに質問できないときに効果的**です。

現段階での相手の知識や理解度のレベルを判断するためのテスト問題をつくり、説明を始める前に相手に回答してもらうのです。

この方法2をとる場合、説明の流れが崩れてしまうのを避けたいなと思う方は、手順0のプロファイリングとまとめてやってしまったほうが無難です。

この事前テストをすることで逆に説明の手間や時間がかかってしまうのならわざわざやる必要はないのですが、研修講師の方など、初対面の方々にボリューミーな説明をしなければならない場合にはかなり効果的です。

なお、**このときやるテストの問題は、その後の説明で理解してもらいたいレベルよりもずっと基礎的なものにすることがコツ**です。そうしないと、説明の前段階で相手が内容にハードルを感じてしまうかもしれませんし、テストの出来が悪かった場合には相手のやる気が削《そ》がれる可能性もあります。

つまり、説明に対するメンタルバリア（心の壁）ができてしまうのです。このメンタルバリアができてしまったときの対処法は第2部　応用編　極意2で詳しくお話しします。

私の経験上、この事前テストは、正答率が8割くらいになるような簡単な問題で構成するとよいでしょう。受験化学の初学者であれば、テスト問題は原子番号1～20番までの元素記号や、周期表に関する初歩的な知識程度です。

IKPOLET

「何を説明すればいいのか？」をどう見積もればいいのか？

手順2は、「相手の知識や理解度のレベルと到達ラインのギャップを見積もる」ことです。

手順0 徹底した相手のプロファイリング
手順1 実際の相手の知識や理解度のレベルを知る
手順2 相手の知識や理解度のレベルと到達ラインのギャップを見積もる
手順3 そのギャップを埋める説明をする（第1部Step3〜7）

相手の知識や理解度のレベルがわかったあとは、あなたの説明でわかってもらいたい到達ラインまでの差を測っていきます。

つまり、「〝理解の階段〟の段数が、到達ラインまであといくつか？」とい

うことを見積もるのです。

これは、先ほどの手順1の方法1であれば、答えられなかった質問項目に該当しますので、見積もりは比較的カンタンだと思います。

たとえば先の人工知能の例では、

人工知能って、どんなことに利用されているか知ってる？（項目⑤）

これに相手が答えられないようだったら、そのあとの説明で、「人と会話できるロボット」や「レントゲン写真から病気を発見する」など、人工知能が利用されている事例を紹介すればいいのです（事例の提示のしかたについては、Step6でお話しします）。

また、手順1の方法2であれば、**相手が解答をミスした問題レベル以上のものと、到達ラインまでの差が、説明に必要なものとして見積もることができます。**その差にフォーカスした説明にすればいいのです。

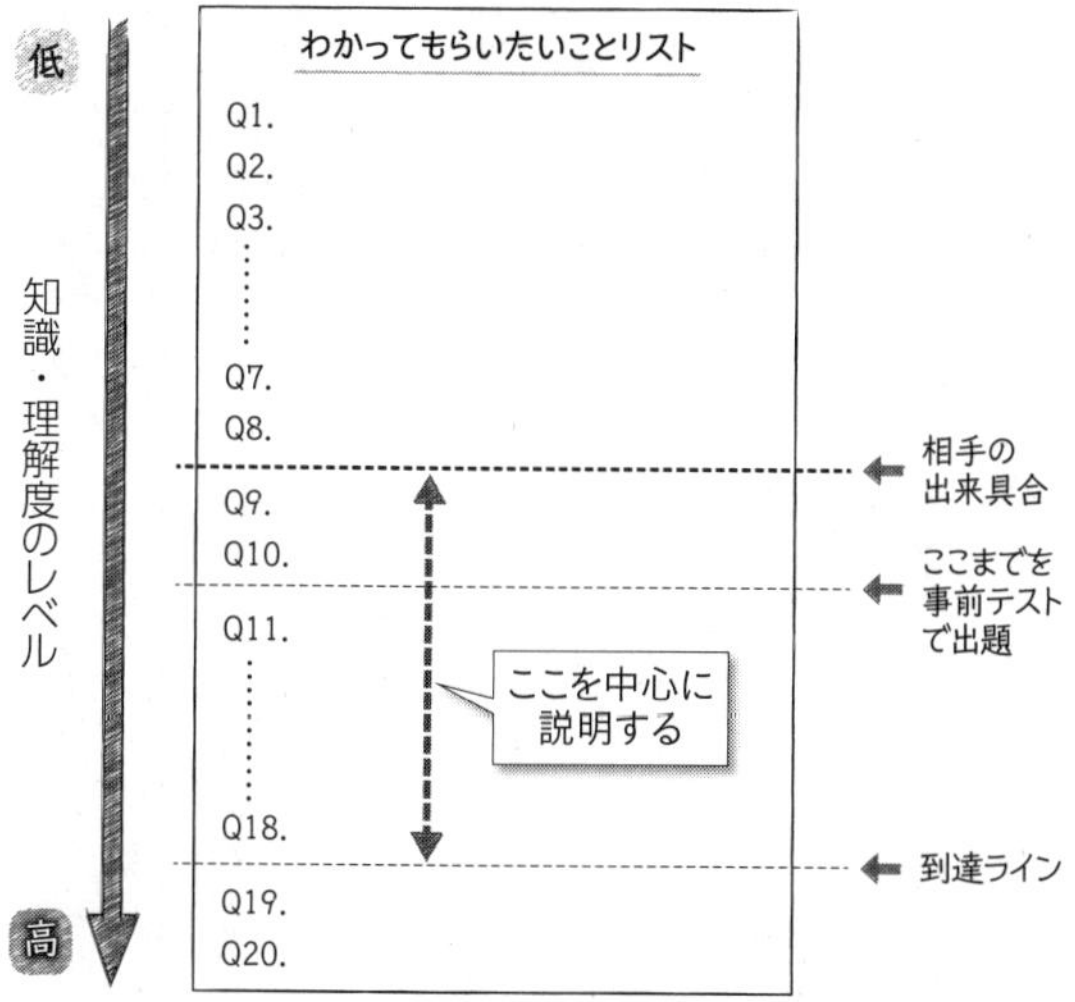

たとえば上の図のように、Q1〜20くらいまでを相手にわかってもらいたい内容だとしましょう。

事前テストではQ10まで出題したと仮定し、到達ラインはQ18のレベルに設定します。

このとき、相手のテストの平均が8割ほど、つまり相手の知識や理解度のレベルがQ8程度であれば、そのあと展開していく説明はQ9〜18を中心に行っていけばいいということです。

すべての説明でこんなにスムーズにいかないにしても、ざっくりとでもこんなイメージをもっておくだけでもだいぶ違ってきます。

IKPOLET

聴き手がすでにわかっているときの対処法

ここで、相手がすでにある程度の知識・理解度レベルに達しているときの説明のコツをお話ししておきます。

相手がすでに知っていそうなことを、説明の流れ上、話さなければならないときって少し気が引けてしまいますよね。

そんなとき、次のような言い回しが効果的です。

○○というものがあるのは皆さんご存じだと思います。でも、そもそもこれって××だと思いませんか？

このように〝そもそも〟というフレーズを使って大前提にあたる問いかけをしてみるのです。

相手が複数いて、さらに知識や理解度のレベルに差があるときに有効なテクニックになります。

先ほどの人工知能の例で説明しましょう。たとえば、

これまでのコンピュータと違って、人工知能は、人間が直接データをインプットしなくても、自分でどんどん情報を得て学習することができることを知っている方も多いと思います。
これは機械学習と呼ばれるのですが、そもそもデータのインプットなしにコンピュータが勝手に情報を蓄積できるのって不思議に思いませんか？

このような言い回しで、**わかってもらいたい知識やスキル、さらにはその人のレベルを踏まえ、大前提に対して疑問を投げかけることで問題意識を相手の頭の中につくってしまう**のです。

相手がすでに知っているものだと思っていた内容に対しても、実は前提の部分で知らないことがあったり、必要なスキルがあったりすることに気づかせることも説明の重要な役割なのです。

IKPOLET

情報のネットワークをつくりやすくする記憶のメカニズム

少し話が逸《そ》れてしまいますが、補足説明として、記憶のメカニズムについて、そのエッセンスだけを簡単にお話ししておきますね。

教育心理学の世界ではよくいわれていることですが、記憶には短期記憶と長期記憶というものがあります（左図）。新しく取り入れた情報（知識）をずっと保持して使っていくためには、短期記憶にいったん貯蔵されたその情報を、長期記憶のほうに移すプロセスが必要になります。

この**長期記憶に移していくためには、その情報の理解をしながら反復を行うことが必要**なのです（このプロセスを「精緻《せいち》化《か》リハーサル」といいます）。こうして新しい情報は長期記憶に移され、知識として保存されるのです。

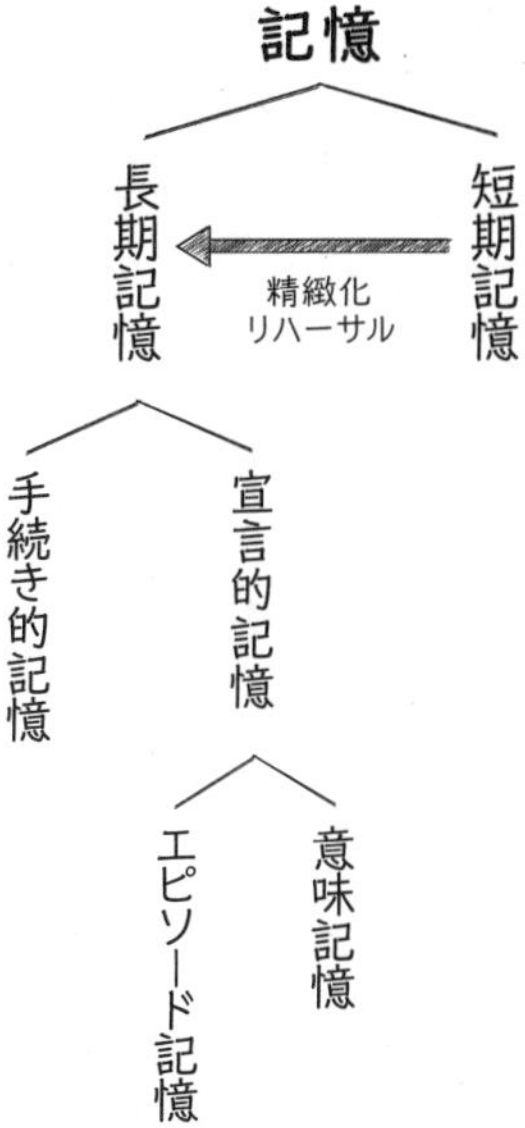

余談ですが、長期記憶は宣言的記憶と手続き的記憶にわかれます。

宣言的記憶とは事実の記憶のことであり、これはさらに意味記憶とエピソード記憶にわかれます。

意味記憶とは「ネコは哺乳類の一種である」といった知識のことで、エピソード記憶とは「昨日、上司と一緒に夜ご飯を食べた」というような知識のことです。

手続き的記憶とは、自動車の運転の方法などのやり方の知識のことです。

IKPOLET

9割覚える記憶法

数年前からニュースなどでも取り上げられている「アクティブラーニング」というのを聞いたことはあるでしょうか？

このアクティブラーニングとは「主体的な学習」や「能動的学習」という意味です。

これまでの教師が一方的に話すだけの一斉《いっせい》講義《こうぎ》の形態とは異なり、授業の中でプレゼンテーションやグループ討論を行ったり、調査や体験を取り入れた学習を行ったりするものです。

このアクティブラーニングには、あまり一般（教育業界以外）の方が意識していない目的が存在するのです。その目的というのが、「子どもの記憶の定着や理解を深める」ことなのです。

「アクティブラーニングで、なんで記憶や理解が深まるの？」と疑問に思う方もいるでしょう。簡単にご説明しますね。

次頁にある図はラーニングピラミッドと呼ばれるものです。

この図を見てわかるように、従来の一斉講義で単に話を聴いたり本を読んだりするだけだと、実は記憶の定着率は低いのです。この活動を、グループ討論や体験学習に代えることで記憶の定着率が飛躍的に伸びるのです。

つまり、アクティブラーニングの活動は記憶の定着率を促《うなが》すことができるのです。これは、クラスメイトに自分の言葉で説明する、つまり**人に教えるという行為を通じて自分の頭の中が整理整頓され、自身の記憶に残りやすくなる**ためです。

平均記憶率はおよそ9割です。何回も何回も暗記しなくて済むので、実は「人に説明する」という行為は効率的な記憶法なのです。

正直なところ、個人的な見解として、すべての学習者にこのラーニングピ

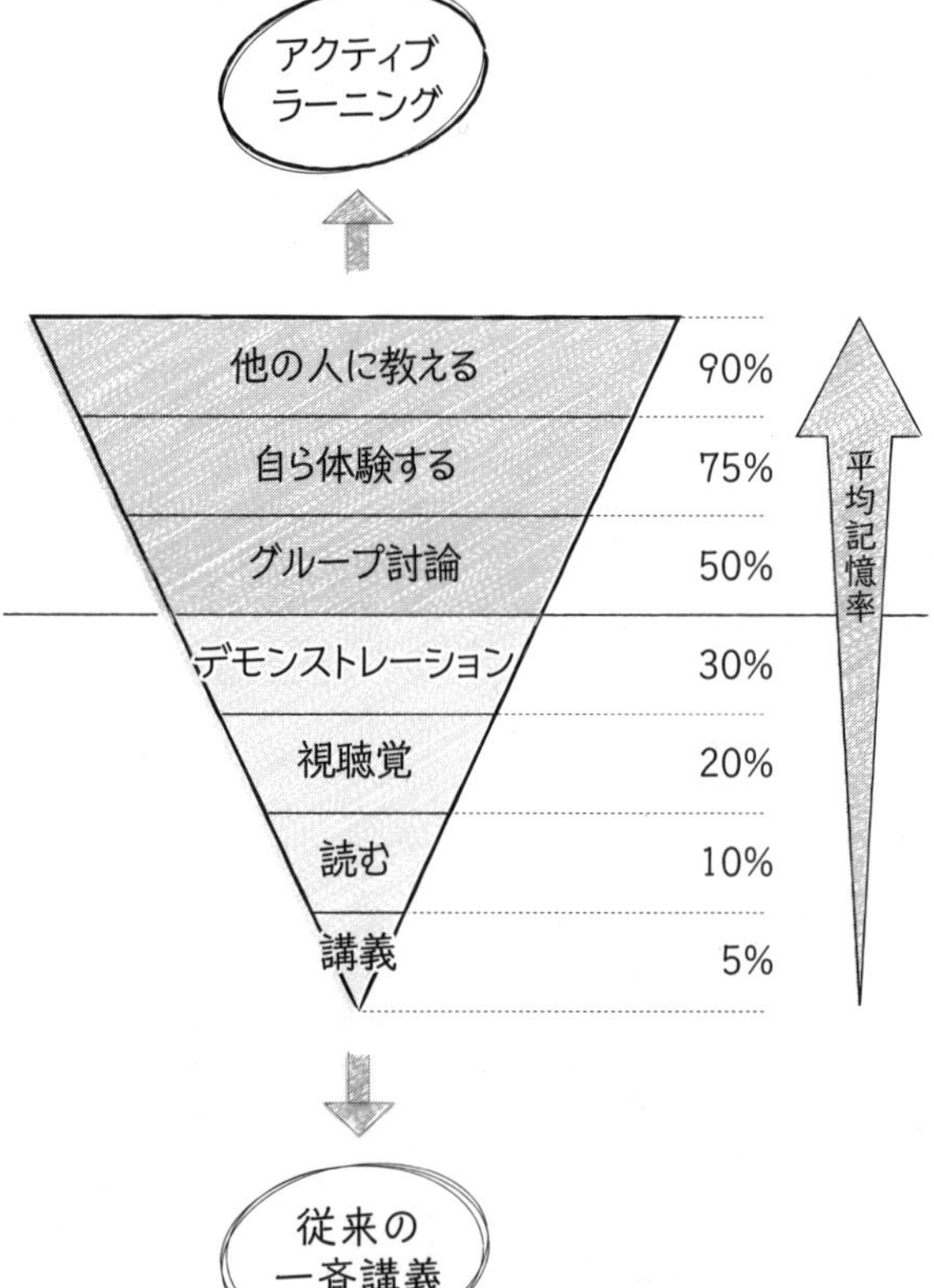
アクティブ
ラーニング
他の人に教える
90%
自ら体験する
75%
グループ討論
50%
デモンストレーション
30%
視聴覚
20%
読む
10%
講義
5%
平均記憶率
従来の
一斉講義

ラミッドが当てはまるとは思っていません。数字が整い過ぎていますし、研究論文でのエビデンス（証拠）も薄いように感じています。

ただ、現場で実践した肌感覚として、**講義をただただ受けている子たちよりも、友達同士で教えあっている子たちのほうが確かに記憶の定着率は高い**と感じます。

ですので、私自身は、「本当に覚えたかったら、相手に説明できるまでになることだよ」――生徒にはそう話すようにしていました。

上手く説明ができるようになればなるほど、どんどんその知識があなたの中に深く定着していくことも、説明することの副次的なメリットです。

続いては、Step3の「P」をみていきましょう。

即効フレーズ

・「●●って、ご存じですか？」
・「●●について、あなたが知っていることを教えてもらってもいいですか？」

★COLUMN★COLUMN★COLUMN★COLUMN★COLUMN★

コラム

①

ラジオの実況中継を聴いてみよう

～身近な習慣で「説明力」アップ！～

あなたは、ラジオを聴くことがありますか?　私は、「プロ野球の実況中継」が大好きでよく聴いています。たとえば、テレビの場合、「内川、大きな当たりだーー!　入ったー、ホームラン！」。これがラジオの実況中継になると、「内川の打球は大きな弧を描いてセンター方向にぐんぐん伸びていく……。入るか、入るか……入ったーーー!　ホームラン!!　バックスクリーン直撃の特大ホームラン!!!」。

このように、ラジオの実況中継というのは、リスナー（聴き手）が映像を共有できていないぶん、それをリスナーの頭の中に描かせるような言葉を使って実況してくれるのです。

要は、**説明する側と聴き手とがビジュアルを共有しておらず、聴き手が見えていない世界のものを説明するという部分にスキルアップの秘訣《ひけつ》がある**のです。

そのため、聴き手（視聴者）と話し手の間でビジュアルが共有されているテレビでの実況中継では、どうしても説明スキルの効果は薄れてしまうのです。

むしろラジオのようなビジュアルがないもののほうが、相手の頭の中に絵を描いてわかりやすい説明をするトレーニングにはもってこいなのです。

★COLUMN★COLUMN★COLUMN★COLUMN★COLUMN★

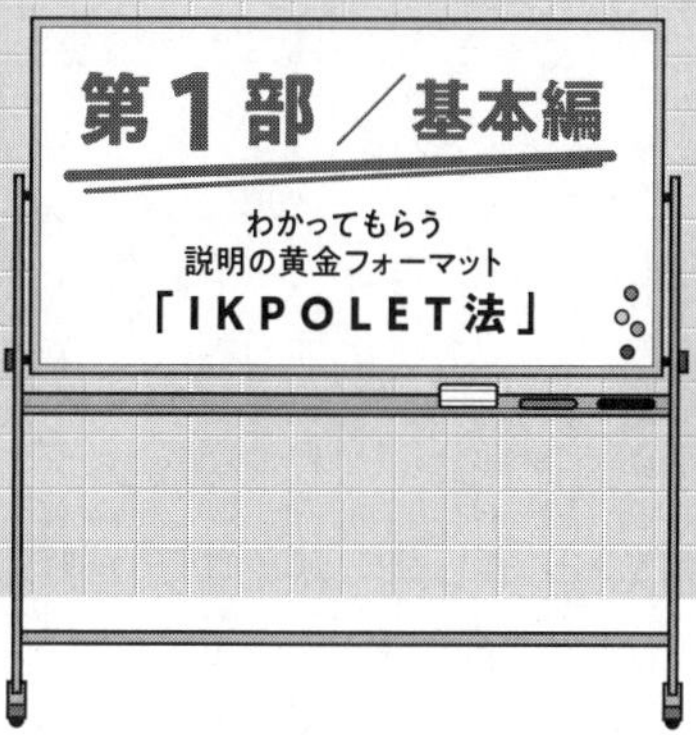

◉Step3-「P」 Purpose

目的を示す

IKPOLET

Step 3　目的を示す（Purpose）

以前、スポーツジムに通っていたときにトレーナーにこんなことを言われました。

「犬塚さんが今やっているそのトレーニングはね、この上腕二頭筋をこんな形にするためにやっているんですよ。きついかもしれないですが、こうなることをイメージして頑張ってください！」

そのトレーナーはいわゆるムキムキのマッチョ。私はそんな体を目指してはいなかったのですが、上腕二頭筋を鍛える目的のために、こんなきつい動作が必要なんだと理解できました。

「あぁ、この動きって、ここら辺の筋肉を使ってるのか」――そう思いながらトレーニングするようになってからは、それまでいい加減にやっていたダンベル上げや腕立て伏せのやり方すらもどんどん変わっていったのです。

スポーツでも、プログラミングでも、地味なスキルトレーニングをしているとついつい「何のためにこんなことやってるんだ……」と思ってしまうことってないでしょうか？　私はしょっちゅうあります。

でも、冒頭のトレーナーのように、

あなたが今やっているトレーニングは、〇〇ができるようになるためなんだよ。

そう説明されたら、単にやる気が出るだけじゃなく、そのトレーニング自体を深く考えるようになると思うのです。**目的を知った結果、その行動の理解が格段に深まる**のです。

ここでは、「わかってもらう説明の黄金フォーマット」Step3の「目的（Purpose）」についてお話ししていきます。

相手にしっかりわかってもらうためには、その説明の目的、あるいは意義を伝える必要があります。目的なしに人は本当の意味でわかったことにはなりません。目的がわかって初めてその内容をしっかりわかったといえるのです。

まずは、この「目的（Purpose）」をあなたの説明に入れるその目的についてお話ししていきます。ややこしくてすみません。

IKPOLET

「目的」は理解の羅針盤

私はガッチガチの理系人間なので、高校生の頃は文系科目がすごく苦手でした。中でも古典という科目は本当に授業がつらかったのを今でも覚えています。「なんで、こんな昔の人が書いた古臭い文章を読まなきゃならないんだ……」——毎回の授業でそう思っていました。

ただ、社会人になって仕事で行き詰まったとき、そんな大嫌いだった古典に救われたのです。

『風姿花伝』（世阿弥著）、『君主論』（ニッコロ・マキアヴェッリ著）、『生の短さについて』（セネカ著）などなど挙げればきりがないのですが、名著と呼ばれる古典から仕事のヒントをたくさんもらいました。

現代にも残っている古典というのは、人間の普遍《ふへん》の真理を衝《つ》いたものが多く、多くの学びが得られます。そのとき初めて古典の素晴らしさと学ぶ意義に気づいたのです。

もちろん、学校で習う古典は源氏物語を代表とした恋愛系が多く、仕事には直結しないかもしれません。

ただ、もしそのとき学校の先生が、「古典は、人間の普遍の真理を知るための貴重な知の遺産なのです」——こんなふうに、その学問を学ぶ目的や意義を最初に一言説明に加えてくれていたら、古典にのめり込むことができたんじゃなかろうか、と今でも思います。

授業も、もっと真剣に聴いていたと思います。もしかしたら、進路や人生が変わっていたかもしれません。

いろんな文献を調べてみたところ、そもそも人というのは「何のために？」

ということを意識しないと、脳の情報の吸収率が上がらないらしいのです。目的がないと情報を拾おうとしない怠《なま》け者が脳なのだそうです。

だからこそ、あなたの説明を相手にしっかりわかってもらうためには、「これから説明することにはどんな目的があるのか？」「何のためにその内容を理解するのか？」――こういったことを相手にまずきちんと説明する必要があるのです。

私は予備校の初回講義で必ず生徒にこんな話をします。

ボクが授業をする目的は、キミたちが点数を取れる学力を身につけられるようにすること。これを最優先にするね。この教室にいる以上は、何が何でも第一志望の大学に受かりたいはずだ。だからボクは、キミたちの得点力を徹底的に上げることにこだわった授業をする。それは約束する。ただ、それ以外のことは二の次だと思ってほしい。

シビアに聞こえるかもしれませんが、自分がこれから伝えていくことの目的を初めに理解しておいてもらわないと、結果的にお互い不幸になります。

多くの目的を伝え過ぎたり、目的を言わずに話を進めたりしていくと、相手はあなたが本来意図していることをまったく理解してくれません。

その行為・知識習得の目的や意義を説明することで、相手の理解の方向性が明確に定まり、相手の理解を最短距離で促《うなが》すことができるのです。

自分が思っている以上に相手は、その説明の目的や意義をわかってくれていないものです。

つまり、**目的や意義は〝理解の羅針盤《らしんばん》〟**なのです。

IKPOLET

目的と手段を混在させてしまうことのリスクとは？

相手にしっかりわかってもらうためには、目的とセットでその手段もあわせて伝えることが重要です。

この目的は○○ということだから、そのためにはこうやればいいんだよ。

このように目的と手段を連動させることで、相手は行動に移しやすくなります。

一方「やり方なんてものは自分で考えるもんだ」――こういうストイックなスタンスの指導者の方もいるかもしれません。私自身も、すべての目的に対する手段を生徒に伝えているわけではありません。ただ、**核となる理解が欠けてしまうと、本来の説明の目的である「価値ある成果を出す」ことが難しくなってしまう**のです。

わかっていただきたいのは、「手取り足取りでなんでも相手に説明すればいいんだよ」――そう言いたいのではなく、「これが目的で、こっちは手段だから」と、**目的と手段を切り離して説明することが重要だ**ということが言いたいのです。

なぜなら、**目的と手段が混在してしまうと、思考が脇道に逸れて、理解や**

目的達成のために時間がかかってしまう可能性があるからです。

たとえば、受験生に多いのが「問題集の使い方」です。問題集とは本来、その子が受ける大学の入試問題が解けるようになるために、その科目の出題パターンや解法を身につけることを目的とした一手段です。

ただ、受験勉強を日々続けているとどうしても近視眼的になってしまいます。すると、目の前の問題集を完璧に解けるようになることだけが目的化してしまうのです。

「先生、この『セミナー化学』っていう問題集に載っている問題が完璧に解けるようにならないんですけど、どうすればいいですか？」——このような質問はしばしばありました。

受験勉強では秋口から過去問を解いてその大学の入試の傾向をつかんだり、今の自分の課題を発見したりしなければなりません。

それなのに、「私は、この問題集が完璧に仕上がるまで過去問はやりたくないんです」——こんな謎のスタンスをとる受験生が案外と多いのです。

問題集というのは、その子が受ける大学の入試問題を解けるようになるための手段でしかないのに、そのような子は手段が目的化して、本来優先すべき過去問演習をないがしろにしてしまう傾向があるのです。

受験勉強の目的自体は「自分が受ける大学の入試問題で合格最低点を超えること」であり、それ以上でもそれ以下でもありません。これを本人がわかっていないと効果の薄い行動が続いたり、行動自体を継続できなくなったりします。

正直に言って、受験勉強自体は面白いものではないと思います。むしろ、ほとんどの受験生にとっては苦痛なものなのではないでしょうか。

ただ、「受験勉強」は自分の可能性を広げるチャンスだということを本人がしっかりわかっていれば、自己実現のための一手段であると割り切ることができます。**割り切ることができると、意外と人は頑張れる**ものです。

私はこれまで医学部受験を目的とした生徒たちのクラスを数多く担当してきました。そういったクラスの生徒たちには、「今、目の前の英語や数学はつまらないかもしれない。化学や物理もしんどいかもしれない。でもね、医師の国家試験合格率の平均はおよそ90％なんだよ。つまり、医学部に入って国家試験を受けたらほとんどの人が医者になれるんだよ」――そう説明し、今の目の前の受験勉強は、憧れの医師になるという目的のための一手段なんだということを強調していました。

まず、**本来の「目的」をちゃんと示し、目の前でやっている「手段」の本質的な価値をしっかり伝える**のです。

極端な話、「1年間、死ぬ気で受験勉強をやり抜いたら9割方は医者になれる」――こんな程度だと思うんです。数字がそうなっていますし、知人の医師たちからもそう聞きます。もちろん医者としての見識、技術を身につけていくのは大前提のうえでの話です。

目的と手段は、本来連続的につながっているものなのですが、説明する側がそれを切り分けて話してあげることで、相手はしっかりと理解してくれるのです。

なお、ここでの「目的」は「意義」と置き換えてもかまいません。**理解してもらいたい内容そのものの意義をしっかり説明することで、相手が「何のためにこんなことをやっているんだ……」と自分自身を疑ってしまうリスクを回避できる**のです。

IKPOLET

そもそも、目的と手段の関係とは？

もう少しだけ、目的と手段の関係を深掘りしてみましょう。

そもそも目的と手段は階層構造《かいそうこうぞう》の関係にあります（左図）。

つまり、わかってもらいたい説明内容の上の階層（レイヤー）をすべて目的とみなすことができます。

同じように、わかってもらいたい説明内容の下のレイヤーには手段が来ます。

つまり、目的と手段は相対的なものなのです。言い換えると、**比較したと**

きに初めて目的と手段が確定するということです。

具体例でお話ししましょう。

たとえば、先の「医学部に受かる」ことの目的が「医者になる」だったとしましょう（ほとんどの受験生がそうだと思います）。これは、言い換えると、「医学部に受かる」ことが「医者になる」ための一手段だということです。

さらに、「医学部に受かる」という目的を達成するためには、化学の学力を上げなければなりません。

今度は、「医学部に受かる」ための一手段として「化学の得点力を高める」ということが考えられます。

つまり、「医学部に受かる」ということが、場合によっては目的になったり手段になったりするということです。これが、目的と手段は相対的だということです。

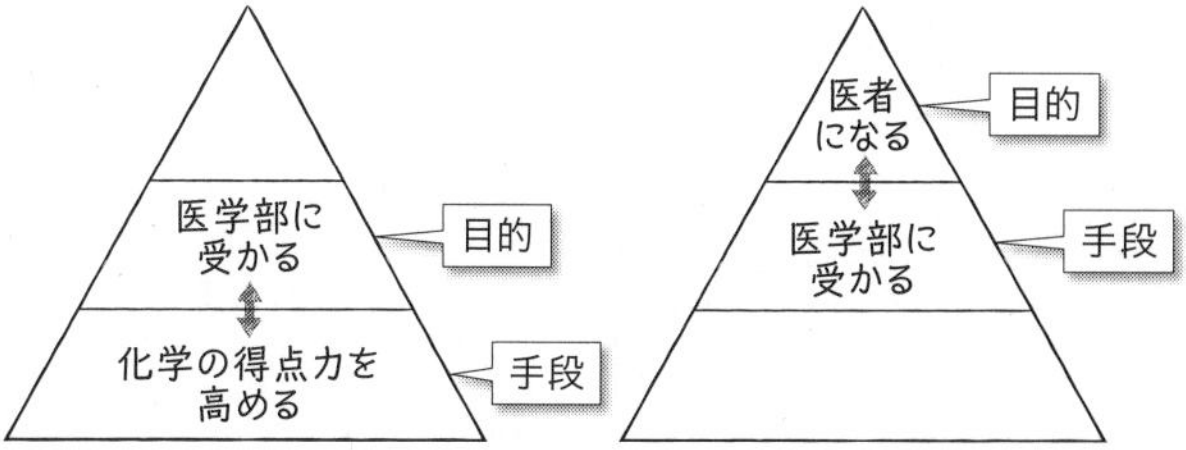

また、こういった2層構造の説明にだんだんと慣れてきたら、相手にわかってもらいたいことの上のレイヤーを目的、下のレイヤーを手段として3層構造で説明してみましょう（下図）。

「医学部に受かる」ということの目的は「医者になること」であり、そのための手段は「化学の得点力を高める」ということになりますね。

これができるようになると、説明の幅が一気に広がります。

なお、ある目的のさらに上に「真の目的」というものが存在することがあります（左図）。

たとえば、「医者になる」という目的のさらに上に、「へき地医療に貢献して医師不足のない社会をつくる」というような目的ができるときです。

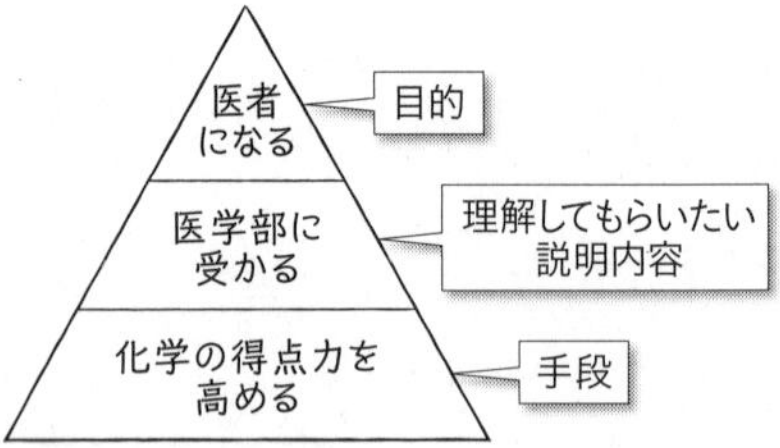

私はこの最上位にある目的を〝真の目的〟と呼んでいます。この〝真の目的〟は、企業などでは理念やミッションなどに相当します。

何かの説明をするときに、この**〝真の目的〟が互いに共有されているかどうかが、相手の理解の深さに大きな影響を与えている**と考えています。

私も経験があるのですが、こういった理念などの〝真の目的〟を共有していなかったときの会議では、近視眼的で方向性のずれたアイデアしか出てこず、全然まとまらないのです。

アイデア発想などは目的を達成するための一手段にすぎませんが、その**目的がはっきりしていて、互いの理解が伴《ともな》っているからこそ、軸**

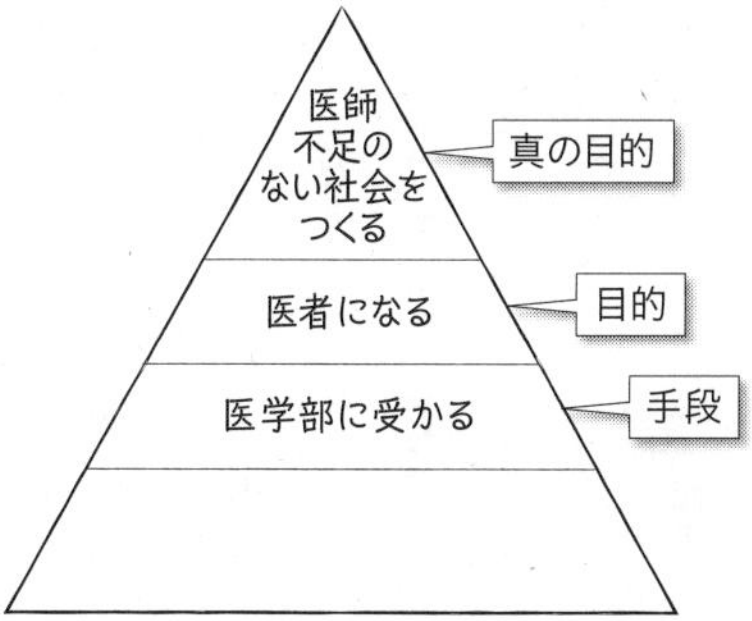

の通った素晴らしい手段（アイデア）を生むことができるのです。

その人や組織にとって一番大事なものがはっきりすると、それ以外はすべて手段になるのです。

IKPOLET

手段の説明を軽視しない

ここの最後に、手段の考え方についてダメ押しをしておきますね。

シンプルに言いますと、**人は目的や意義だけでは成果は出せません。**

ある意味で当たり前のように聞こえるかもしれませんが、目的や意義を理解できたからといって、成果を出せるとはかぎらないのです。

なぜなら、**現場で成果を挙げるためには、具体的なアクションに直結する行動指針やノウハウなどの手段が必要不可欠だから**です。

現実の世界では、人は具体的な行動に落とし込まないと成果を得ることはできません。「医学部に入る」という目的を理解したからといって、受験勉強で各科目の学力を上げていかなければその目的は達成されません。

さらに、各科目の学力を上げるためには、その学習法や問題の解き方なども身につけなければなりません。

つまり、**ある目的において成果を挙げるためには、具体的な行動に落とし込める手段まで相手にわかるように説明しなければならない**のです。

ミッションや考え方を説いて相手の心を動かすことができたとしても、手段までしっかり伝えないと人は体を動かすことができないのです。

体が動かないと、成果は得られませんから。だからこそ、**目的と手段は分離して、なおかつセットで説明しなければならない**のです。

先ほどの「問題集の使い方」のケースでいうと、「必ず参考書と並行して進める」「半年以内に一通り終える」「日付を記入する」などの手段もセットにして説明する必要があります。

なお、手段を説明するときの注意事項として「具体化」を意識するようにしてください。

この具体化についてはStep6でお話ししますが、具体性というものが成果のでる行動へのカギを握っています。

また、「目的」というのはどうしても頭の中から薄れていきやすかったり、曖昧になったりしがちです。そうすると、具体的な行動（手段）に落とし込みにくくなってしまいます。

それを防ぐためには、**目的を紙に書いて視覚化したり、口頭で明確に言語化したりして、相手の頭の中に何度もリピートさせる**ことです。

相手は、目的が何度もリピートされると、頭の中にその目的が顕在化《けんざいか》され、具体的な行動（手段）をイメージしやすくなります。

以前、テレビでプロ野球選手が話していたことです。

素振りが上手くなりたいなら、ピッチャーが投げたボールを打つイメージをもちながら常にバットを振るといいのだそうです。

ただ闇雲《やみくも》にバットを振る（手段）のではなく、ピッチャーが投げたボールを打つという目的を意識したほうが実践的なスイングが身につくというのです。

目的が明確になっているほうが手段（行動）は定着しやすく、それゆえ行動に変化が起こりやすいのですね。これこそがまさに学習というものでしょう。

それでは最後に、本書の目的と手段を改めてお話ししておきます。本書の目的は、**「相手にとって難易度の高い内容をわかりやすく説明する〝型〟をあなたに身につけてもらうこと」**です。

主な手段としては、「本書をしっかりわかってもらうこと」「巻末にあるテンプレートに書き込んで台本をつくってみること」「それを現場で試してみること」です。

ぜひ本書を一手段（ツール）として活用し、あなたの目的を達成してもらえたらと思います。

続いては、Step4の「O」をみていきましょう。

即効フレーズ

・「そもそも●●の目的ってね、……。そのためにやっているんだよ」
・「○○（目的）のために●●（理解の対象）をわかってもらいたいんだ。そのために××（手段）をやればいいんだよ」

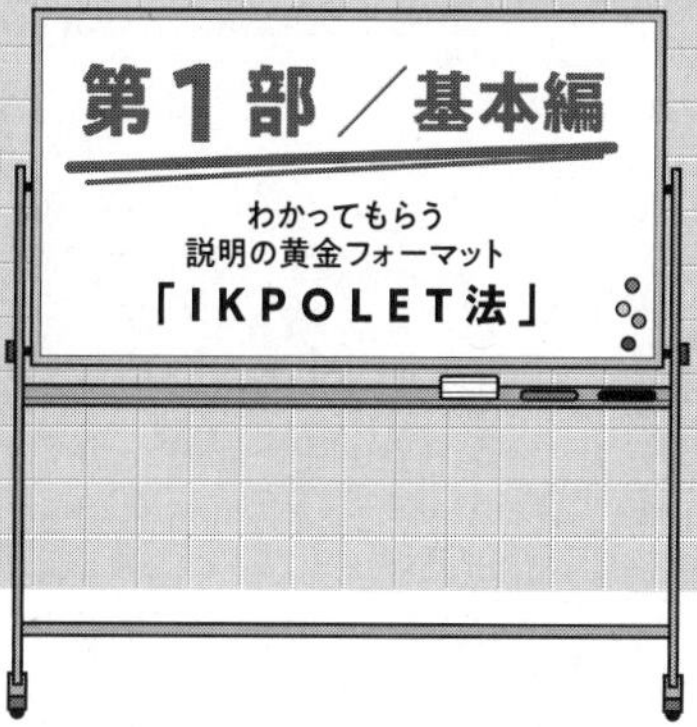

◉Step4－「O」
Outline

大枠を見せる

IKPOLET

Step 4　大枠を見せる（Outline）

今から、○○についてお話ししますね。

今話してる○○って、実は全体の中のここらへんのところの話なんだ。

自分のまったく知らないことについてあなたが説明を受ける場合、これらのように「○○について」や「全体の中での位置づけ」を前置きとして入れてもらえたらそれ以降の話が聴きやすくなりませんか？

聴く準備ができるというか、脳みそが聴く態勢をとれるといいますか。

ここでは、このような「大枠（Outline）」というものについてお話ししていきます。

この「大枠(Outline)」を説明に入れる目的は、次の2つになります。

目的1 **理解してもらいたいことのフィールドを明確にする**
目的2 **全体を俯瞰《ふかん》させる**

アウトラインを説明する1つ目の目的は、相手にわかってもらいたいものが「そもそもどういったことに関する説明なのか？」というフィールド（領域）の提示です。

このフィールドを明確にしてあげると、相手は自身の立ち位置をはっきりさせることができるのです。

フィールドを示すことで、相手の頭の中にあなたの説明の内容の輪郭《りんかく》がくっきりとしてくるのです（前頁図）。

たとえば、こんな説明が始まったらどうでしょうか。

> 地球の環境は多くの問題があるんだ。温室効果ガス、オゾン層の破壊、大気汚染、……。

環境問題がテーマなのでしょうが、ちょっと漠然《ばくぜん》としていますよね。

でも、これを、

> 高校の化学ではたくさんの種類の気体について学びます。そこで登場する気体は、地球環境に大きな影響を与えているのです。たとえば、温室効果ガス、オゾン層の破壊、大気汚染、……。

このように「高校の化学」や「気体」などの説明全体の枠組みを示すようなキーワードを前置きとして入れたら、相手は、「サイエンス的な話か！」——そういう意識で説明を聴くことができるのです。

こうすることで、「自分はどのフィールドで理解しなければならないのか？」——そのことが相手の頭の中にイメージとして湧いてくるのです。

「これからわかってもらいたいことは、このフィールドのこと」という**説明内容の輪郭をあなたがはっきりさせておくことで、相手の頭の中に説明を理解しようとする準備が整う**のです。

IKPOLET

なぜ〝俯瞰〟が必要なのか？

アウトラインを説明に入れる2つ目の目的は、**相手にわかってもらいたいことの全体像を、その人自身に俯瞰してもらう**ことです。

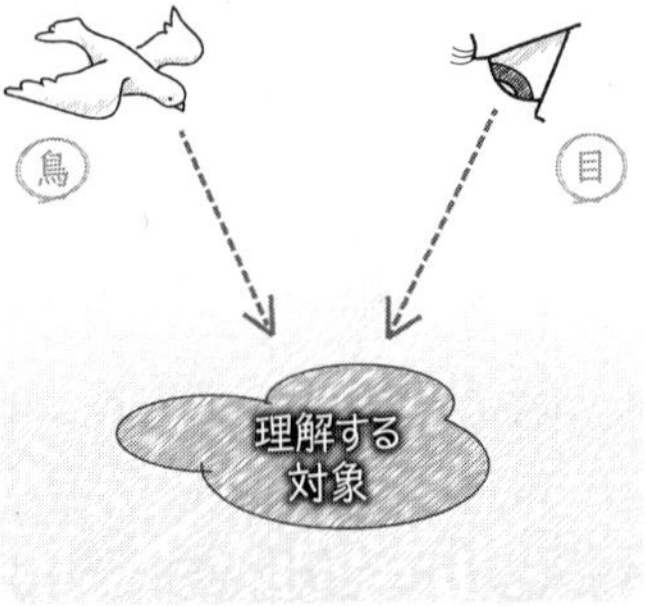

［俯瞰できている］

［俯瞰できていない］

俯瞰とは「高いところから広く見渡すこと」という意味です。つまり、鳥の目のように全体を見渡すことができるということです（右上図）。

この**鳥の目をもつことで理解する対象の全体像をとらえることができる**のです。

一方、俯瞰ができないと、どうしても近視眼的な物のとらえ方しかできなくなってしまい、思考や理解の幅が狭《せば》まってしまいます（右下図）。

また、**俯瞰ができるかできないかで、理解度のレベルだけでなく、理解のスピードも変わってくる**のです。

これは、俯瞰ができていない相手（たとえば生徒）と、できている自分（たとえば教師）の**両者の視点にギャップが生まれ、同じ情報を共有しようとしても互いの見ている景色が異なるため**です。

受験というフィールドでお話ししましょう。

受験勉強で生徒は学ばなければならない科目や単元がかなり多く、日々の勉強で今、その科目のどの位置にいるのかを見失ってしまうことがあります。

情報があまりに増えすぎると、まさに「木を見て、森を見ず」になってしまうのです。

そのため、説明するときに、**「森」という全体像と、相手が立っている現在の位置を教えてあげるだけで、わかってもらいたいゴール（到達ライン）までの距離や道筋がはっきりする**のです。そうすると進むペースも上がり、最短距離でゴールに向かうことができるのです。

受験指導においても私自身、生徒にその科目を俯瞰するクセをつけさせるために、まずテキスト教材の目次を見てからその日の勉強を始めるよう指示しています。

受験勉強といえども、それぞれの科目には先人たちがつくり上げた学問体系というマップ（地図）が必ず存在します。そして、テキスト教材の目次には、年間カリキュラム、または学期で扱う単元やテーマが記されています。

勉強を始める前に、生徒はこのマップを確認するだけで今日の自分の勉強の立ち位置がわかるのです。

結果として、そのあとの学習の理解度やスピードも向上します。

こうしたことを繰り返していくと、相手の頭の中に「全体の中の部分」という意識が強く働くようになるのです。

逆に、いつも部分しか見えていない人は、目先の狭いテーマを理解することだけにとらわれてしまい、近視眼的な勉強になりがちです。その結果、「結局、ここでは何が大切なんだ？」「いったい今どれくらいまで勉強が進んでいるんだろう？」――そういった疑念が生まれ、不安に陥りやすくなってしまいます。

全体像を俯瞰できないと、時間と労力の大きなロスになってしまうのです。

Step3でお話しした**理解の目的（Purpose）がわかっても、大枠（Outline）を説明に盛り込まないと、理解へと進んでいくプロセスで迷い子になってしまう**のです。

たとえていうなら、ジグソーパズルです。

ピースの1つひとつを見ながらやっていくと、完成させるまでにすごく時間がかかると思います。しかし、パズル全体の完成図を見て、それを頭に描きながらピースの位置を埋めていったほうが圧倒的に速いはずです。

わかってもらいたいアウトラインを相手に伝えることで、相手はその新しい情報のフィールドが明確になり、全体像を俯瞰することができるようになるのです。

2つのアウトライン

それでは、アウトラインはどのように説明に盛り込むのでしょうか？

私は、次の2つに絞って説明に加えるようにしています。

①集合（全体と部分）

②時系列（進捗《しんちょく》）

①の集合（全体と部分）というのは「大枠（Outline）」という言葉のもつ「枠（フレーム）」のニュアンスに近い説明テクニックです。たとえば、

これから○○についてお話しします。

といったものです。

一方、②の時系列（進捗）というのは「大枠（Outline）」の「ライン（line）」のほうのニュアンスに近いものです。たとえば、

今日お話しする○○は、全体の流れの中の××ら辺のところです。

といったものです。

この2つのアウトラインを必要に応じて盛り込むことで、相手の理解は一気に深まります。まずは、①の集合（全体と部分）からみていきましょう。

アウトライン①　～集合～

範囲がはっきりしたものの集まりを「集合」、そして集合を構成している1つひとつのものを「要素」といいます。

「集合」とは高校数学で登場する考え方ですが、そこまで難しく考える必要はありません。単なる「何かの集まり」程度に思ってもらって大丈夫です。

「全体と部分」の説明をしていくときの具体的な方法を、2つのケースに分けてお話ししておきます。

たとえば、A（相手がもっている知識）とB（新しい情報）が部分と全体の関係にある場合、以下の2つのケースが考えられます（下図）。

[Case1]

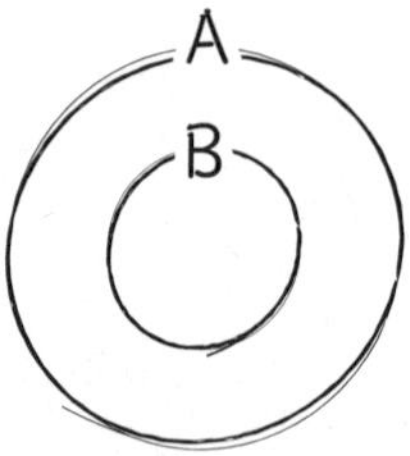

[Case2]

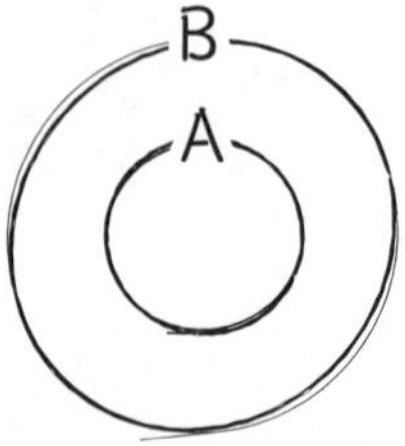

Case1とは、B（新しい情報）がA（相手がもっている知識）の一部分という場合です。

この「集合」というアウトラインは、たとえば「分類」の考え方を用いると非常に効果的です。

私事で恐縮なのですが、最近の私の興味がペットなので、それを例にしてお話しさせてください。

Aが「ネコ」（相手がもっている知識）で、Bが「はちわれ」（新しい情報）のような場合を考えます。

「はちわれ」とは、鼻筋《はなすじ》を境に八の字の形の2色になっているネコです。

つまり、シャムネコやペルシャネコといったいろんな種類のネコという集団（A）の中に、はちわれ（B）というネコが存在しているのです（下図）。

そのため、はちわれ（B）を相手にしっかりわか

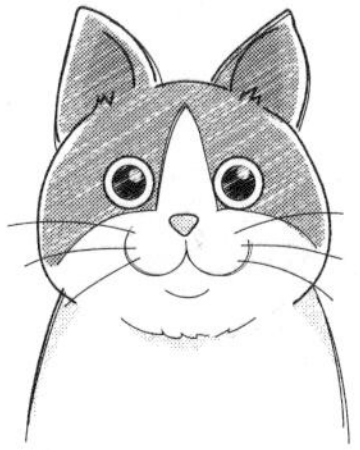

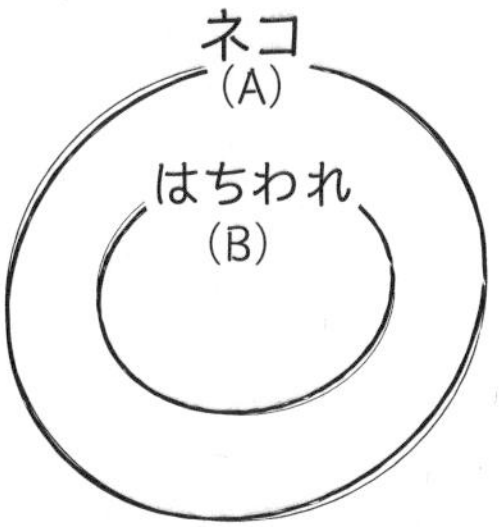

ってもらうためには、はちわれの可愛さを延々と語るのではなく、まず、はちわれがネコ（A）の一種であるということを早い段階で伝えてあげなければなりません。

一方、Case2は、A（相手がもっている知識）がB（新しい情報）の一部分という場合です。

たとえば、Aが「アメーバ」、Bが「原生生物《げんせいせいぶつ》」のような場合です。

アメーバ（A）という名称はかなり多くの方が知っていると思うのですが、そのアメーバ（A）と原生生物（B）との関係性を正確に理解している人は多くはないかもしれません。

結論としては、アメーバは、原生生物という全体の一部分ということになります（左図）。

「原生生物」というものをわかってもらうためには、相手がすでに知っているであろう「アメーバ」を引き合いに出し、その関係性を「全体と部分」で伝えるのです。

このテクニックは、第1部Step2でお話しした「知識（Knowledge）」を利用していますし、さらに第1部Step6でお話しする「具体化（Embodiment）」にもつながっています。

なお、A（相手がもっている知識）とB（新しい情報）が一見無関係のようにみえている場合（次頁右図）、AとBの関係性をわかりやすく伝えるコツを1つお話ししておきます。

それは、AとBを、新たなフレーム（Cとします）で括《くく》って説明するのです（次頁左図）。

このときの留意点としては、Cという**新たなフレームは、基本的には「相手がもっている知識」にしてください。**

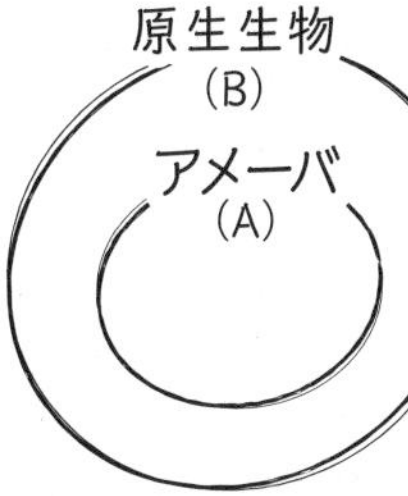

たとえば、Aが「紅玉」、Bが「ケントの花」（新しい情報）だった場合を考えます（次頁図）。

このとき、Bをわかってもらうためには、Cとして「リンゴ」というフレームを使うといいでしょう。

具体的な説明としては、

ケントの花をご存じでしょうか？　名称からすると、何かの花の一種に思えるかもしれませんね。でも実は、ケントの花というのは花のことではないのです。日本でも有名な紅玉と同じリンゴの一種なのです。

こう説明すれば、たとえ紅玉を知らなかったとしても、「リンゴ」というフレームをつくってあげること

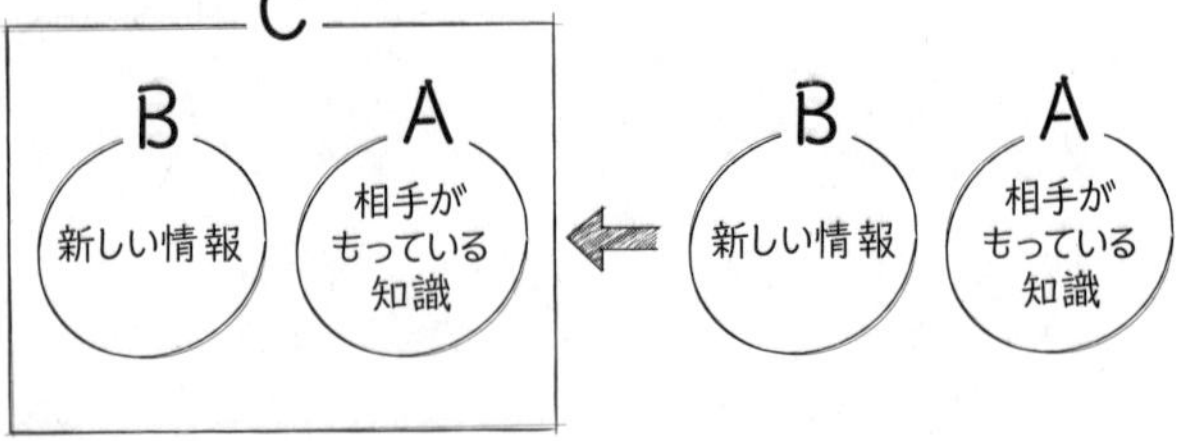

で「ケントの花」とともに2つの関係性を一瞬にして理解させることができます。

余談ですが、ニュートンが万有引力《ばんゆういんりょく》を発見したときに、リンゴの落下を目撃したことがきっかけだという有名な逸話があります。

実は、そのリンゴが「ケントの花」なのです。

なお、すでにお気づきかもしれませんが、今「ニュートン」や「万有引力」といった、おそらく多くの人がすでにもって

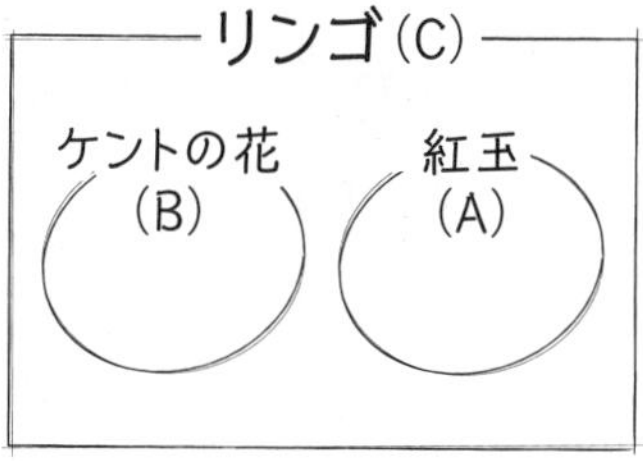

いるであろう知識（Knowledge）にアクセスするという説明テクニックを使いました。

それでは、アウトライン最後のテーマ「時系列」に行きましょう。

IKPOLET

アウトライン②　～時系列～

Step4の最後は、アウトラインを用いる説明の2つ目「時系列」についてお話ししていきます。

このテクニックは、**時間軸を用いることで理解が深まるときに効果的**です。

たとえば工場などで、「今やっている作業工程って、全工程のうちのどこまで進んでいるのかな……」――そんな疑問に対して、

全10工程のうち、今は7つ目の工程までできてますよ。

このように**進捗状況を伝えてあげることで、相手の頭の中には全工程の流れがイメージできます。**

P156でお話ししたカリキュラム（教育目的に合わせた教育内容を計画したもの）も、時間軸で表現された教育プログラムという視点でとらえることができます。

カリキュラムはテキスト教材などの目次に反映されていることが多いため、目次を利用したアウトラインの説明は、生徒の頭の中に勉強の流れや進捗状況をクリアにイメージさせることができるのです。

この時系列（進捗）のアウトラインを用いた説明を、本書に当てはめてみますね。

［説明例］

こちらでお伝えしている内容（部分）は、わかってもらう説明（フィールド）の型の1つです。この説明の型はIKPOLET法といい、全部で7ステップあります（全体）。
ここでお話ししているこの「大枠（Outline）」は、IKPOLET法の4つ目の手順になります（下図のアミかけ部分）。

このように、**全体を見渡しながら、相手にしっかりわかってもらいたいものの「集合」や「時系列」を、アウトラインとして説明に盛り込むだけで相手の理解度は抜群に向上する**ので

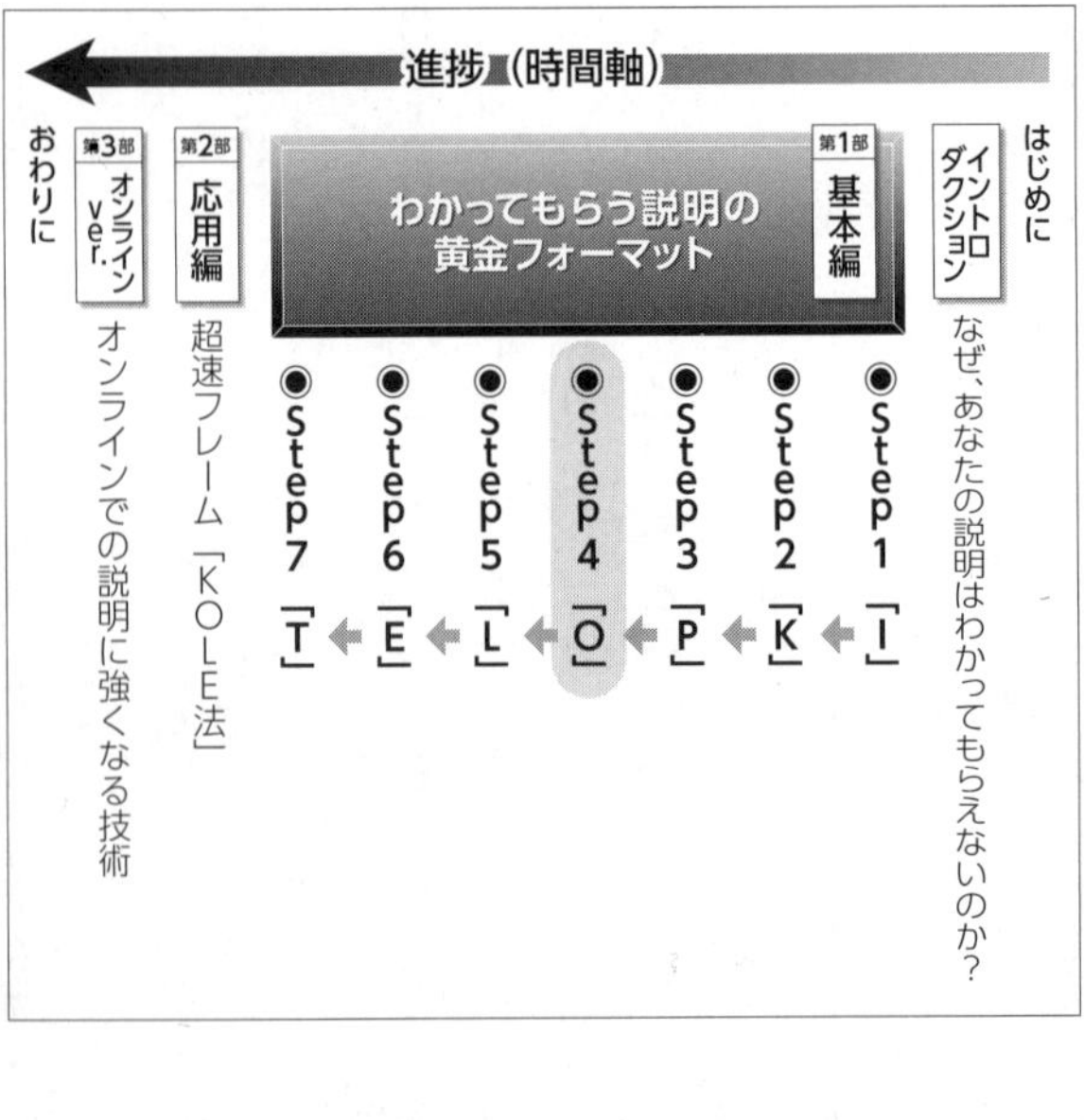

す。

それでは、続いてはStep5の「L」をみていきましょう。

即効フレーズ

- 「●●って、××という中のココに位置してるんだよ」
- 「全体の流れの中で、●●はこのへんだよ」

★COLUMN★COLUMN★COLUMN★COLUMN★COLUMN★

コラム

②

道案内をしてみよう

～身近な習慣で「説明力」アップ！～

「東京タワーに一番近い出口を出て、左に曲がって東京タワー側に来て。高いビルがたくさん建っているほうね。こっちに向かうと右側にゴハン屋さんがいくつかあって（中略）そのまま真っ直ぐ来れば着くから」

ある日、友人と東京タワーに行く約束をし、先に現地に到着した友人から受けた説明です。

正直、友人には申し訳なかったのですが、説明を聞いてもまったくわかりませんでした。

常に聴き手の目線で説明し、聴き手が知らないかもしれない知識（たとえば大通りの名称など）は極力使わず、数字などの情報を絞り込んで伝えることが大切です。たとえば、次のように説明すれば、相手目線に立っているといえるのではないでしょうか？

「神谷町駅の1番出口に向かう階段を上がってそこを出ます。そして、すぐに左に折れ2、3分歩くと1つ目の十字路があるので、そこをさらに左に折れます。そこは上り坂になっているので、その坂を上っていくと、右手に東京タワーが見えてきます」

道案内は、わかりやすい説明をするコツを身につける最良のトレーニングなのです。

★COLUMN★COLUMN★COLUMN★COLUMN★COLUMN★

◉Step5-「L」 Link

つなげる

IKPOLET

Step 5 つなげる(Link)

実は、○○と□□って、××関係があるんだけど、知ってた？

そもそも人は「つながる」ことが大好きです。

「この2つの関係を知りたい！」――この感情は、人が本来的に求める欲求そのものです。これは、イントロダクションでもお話しした「わかる」というメカニズムからも説明できます。

人の脳みその中で神経回路《しんけいかいろ》が新しくできたり、その回路が強化されたりすると「わかった！」と感じるのです。そして、その瞬間にドーパミンなどの快楽物質《かいらくぶっしつ》が脳みそにドバーッと放出され、快感を得るのです。

つまり、**人は本能的に、関連づけたがる生き物**だともいえますよね。

LINEのようなアプリや、Facebookというプラットフォームなども、人の「つながりたい」という欲求を利用したシステムだと思うのです。

ここでは、「わかってもらう説明の黄金フォーマット」Step5である「つなげる（Link）」についてお話ししていきます。

この「つなげる」は、わかってもらう説明のための最重要テーマで、IKPOLET法全7ステップの中核になります。

この「つなげる（Link）」（以下、リンク）というのは、具体的には、あなたが説明する新しい情報を、聴き手が理解できる何かしらの知識とつなげてあげるということです。

実は、このリンクのテクニック自体、Step2でお話ししたKnowledgeの「聴き手の知識や認識にアクセスする」と関係しています。

ただ、「K」の目的は、あなたの説明の入り口付近で、「どうスムーズに説明に入っていけばいいか？」を攻略することであり、相手のもっている知識だけにフォーカスした話でした。

ここでお話しするこのStep5「L」は、相手のもっている知識を利用するだけでなく、ありとあらゆる「つながり」を駆使《くし》して相手にしっかりわかってもらうためのテクニックなのです。

具体的には、次の4タイプがあります。

タイプ1 原因と結果「因果関係」
タイプ2 AのしくみはBである「メカニズム」
タイプ3 バラバラのものをあるルールでまとめる「帰納法《きのうほう》」
タイプ4 外堀を埋める「周辺知識」

これら4タイプのリンクを必要に応じてあなたの説明の中に盛り込んでいくことで、相手の理解度はみるみる向上していきます。

なお、教育心理学者であるジョン・ビッグスとキャサリン・タンは、著書『Teaching for Quality Learning at University』の中で、学生の深い学習へのアプローチに特徴的な動詞を、次の項目①〜⑩として挙げています。

なお、ここでの「深い学習」というのは、「しっかりわかるための学習」程度に思っておいてくれてかまいません。

①振り返る
②離れた問題に適用する
③仮説を立てる
④原理と結びつける
⑤身近な問題に適用する
⑥説明する
⑦論じる
⑧関連づける
⑨中心となる理解をする
⑩記述する

これをみてみますと、項目④と⑧がStep5のテーマ「つなげる（Link）」に該当することがわかると思います。まさに、しっかりわかるためには、「つなげる」がとても重要だということがわかりますよね。

それでは早速、タイプ1「原因と結果」からみていくことにしましょう。

IKPOLET

○○タイプ1　原因と結果「因果関係」

タイプ1の「原因と結果」は、いわゆる因果関係というものです。

因果関係とは、「Aが原因となって、結果としてBが起こる」といった関係です。

実は、○○になったのって、××が原因なんだよね、……。

この原因の1つが○○なんです。

因果関係を入れた説明は、このような伝え方になります。

この**因果関係というものは、時系列として「A（原因）→B（結果）」となるのが大前提**です。

しっかりわかってもらうためのもっともシンプルで効果的なリンクが、この因果関係による説明だといっても過言ではありません。

特に「原因を知りたい！」というのは、人が元来もっている強い感情であり、ここにアプローチすると、相手の理解度はメキメキとアップするのです。

この因果関係の説明で特に意識することは、時間軸です。

原因の場合は過去へ、結果の場合は未来へ意識的に時間軸をずらして説明に入れていくのです（次頁図）。

最近よく話題にのぼるＡＩ（人工知能）と似たシステムが用いられている学習支援システムの1つに「知的ＣＡＩ（Computer Assisted Instruction）」というものがあります。

この知的ＣＡＩはＡＩの発展とともに近年急速に発展しています。

この「ＡＩの発展」というものをしっかりわかってもらうために、因果関係を使った説明を試みたとしましょう。

まず、「なぜ、ここにきて急激なＡＩの発展があったのか？」という、そもそもの原因から伝えていきます。たとえば、

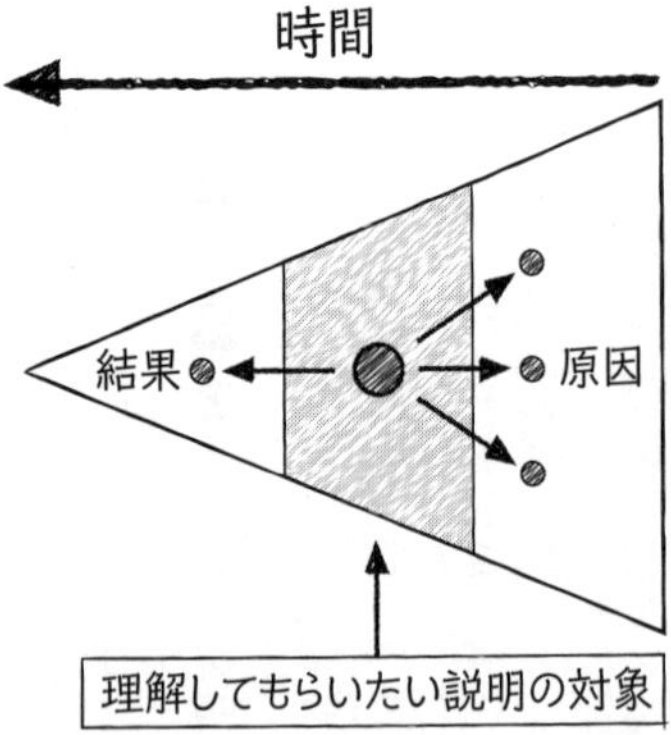

単純作業の仕事に人はやりがいを感じなくなり、そのような仕事は機械に任せたくなった。

この説明も悪くはないのですが、ＡＩの発展とはちょっと関係性が薄い気がしませんか？

もちろん、このような人の心理的変化も一因としてはあると思います。しかし、

AIの発展の最大の要因は、AIが学ぶためのビッグデータ（膨大《ぼうだい》な情報）を用意できるハードウエアとインターネットが急速に発展したから。

こう説明したほうが直接的な感じがしてしっくりくるはずです。

AIが自分で学ぶための教材を大量にストックでき、さらにそれらがネットでつながって共有できる――こういった説明のほうが相手はわかりやすいはずですし、説得力も増すでしょう。

もちろん、AI発展の原因はそれだけではありませんが、ここで大切なことは、**因果関係は時系列を踏まえて、できるだけ直接的で関係性の強いものを優先的に選ぶ**ということです。

別の言い方をすると、原因と結果の距離の近いものから説明してあげるの

です。

　先の説明でいうと、「単純作業の仕事に人はやりがいを感じなくなり、そのような仕事は機械に任せたくなった」よりも、やはり「ＡＩが学ぶためのビッグデータ（膨大な情報）を用意できるハードウエアとインターネットの急速な発展」のほうがピンとくるというか、腑《ふ》に落ちるのではないでしょうか。

　これは、後者に比べて前者は原因と結果の距離が遠いからです（下図）。

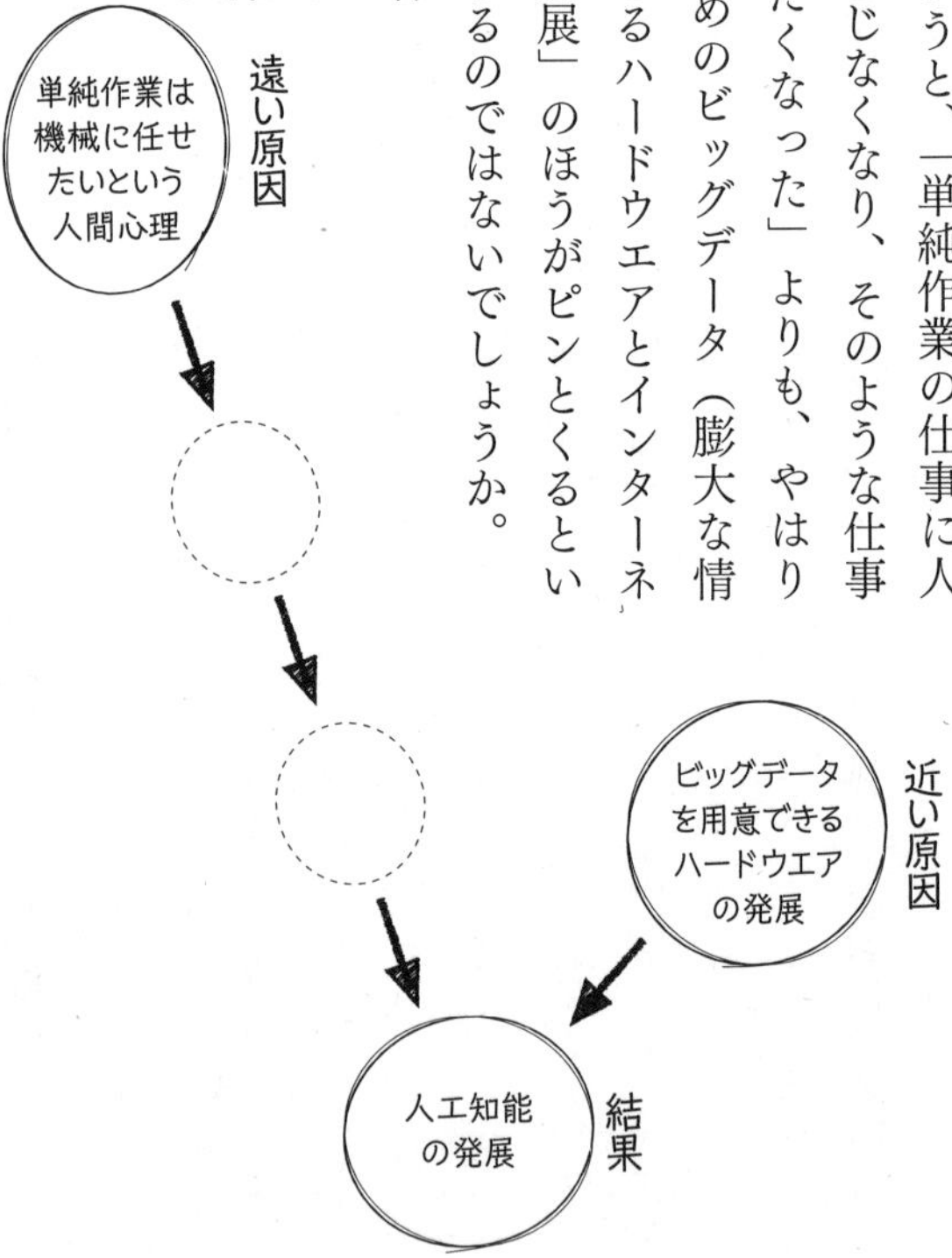

　また、このタイプ1の説明で**気をつけなければならないのが、因果関係と相関関係を混在させてしまわないようにすること**です。

　相関関係とは「Ａが変化したとき、Ｂも変化している」というものであり、因果関係と相関関係とは下図のような関係といえます。

　たとえば、地球の温暖化（平均気温の上昇）とともにＡＩは発展（普及《ふきゅう》率《りつ》の上昇）しているので、この2つは相関関係と見なすことができます。

　ただ、「地球の温暖化」と「ＡＩの発展」は因果関係にあるといえるでしょうか？

　もちろん、答えはノーです。

　これは、たまたま相関関係にあるだけで、どちらか一方がもう片方の原因になっているわけではありません。これに似た話で、インターネット上にこんな話が載っていました。

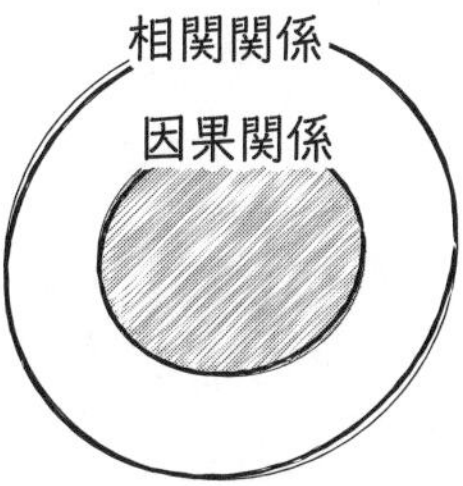

「朝ごはんを食べると、大学に合格しやすくなる（下図）」――これってどうなんでしょうか？

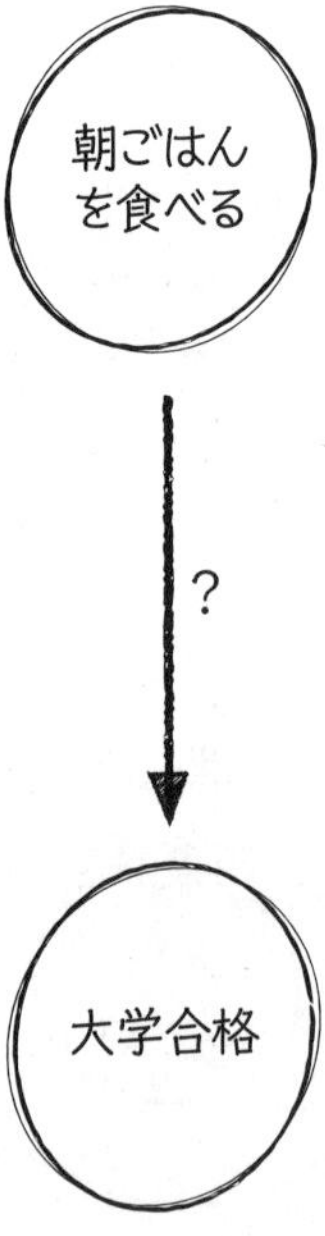

「朝ごはんを食べる」と「大学合格」にはどんな関係があるのか、2つの視点で考えてみました。

1つ目は、先ほどお話しした「朝ごはんを食べる」（原因）と「大学合格」（結果）の距離が遠い場合、もしくは関係性が薄い場合の因果関係です（次頁右図）。

2つ目は、「朝ごはんを食べる」と「大学合格」に共通して「規則正しい生活習慣」という別の原因が存在する場合です（ただの相関関係）（次頁左図）。

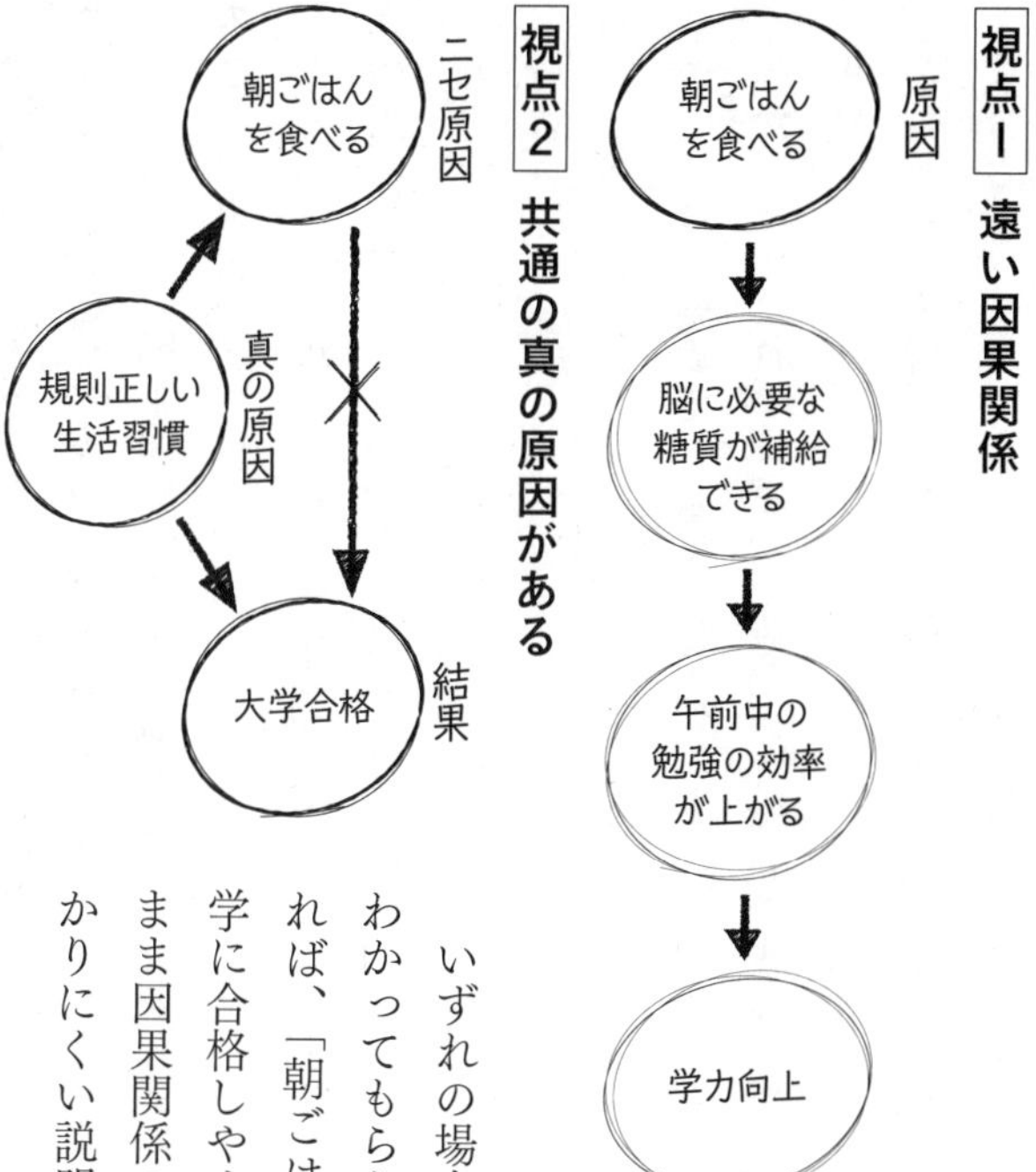

いずれの場合にしても、相手にわかってもらう説明をするのであれば、「朝ごはんを食べると、大学に合格しやすくなる」を、そのまま因果関係の形で伝えるのはわかりにくい説明の典型です。

因果関係を盛り込んだ説明では、相関関係だけでない直接的な原因と結果の関係性を正確にわかりやすく伝えることが大切です。

さらに、この**因果関係を使った説明では、文脈に合わせた因果関係を用いることも重要**です。

たとえば、先の例の「AIの発展」では、今説明でわかってもらいたい内容は技術的なことなのか、それとも社会情勢的なことなのか——そういった文脈によって、説明に入れる因果関係も当然変わってきます。

なお、この文脈は何で決まるのかというと、先にお話ししたStep3の「目的」とStep4の「アウトライン」です。

この2つの要素で、**「何のために、どんなフィールドで説明を展開していくのか」——これが確定し、説明の文脈が決まる**のです。

また、**理解してもらいたい内容が、「どんな結果を導くのか?」といったこともあわせて説明すると、相手の理解度はより一層アップします。**

先ほどの説明では「原因」という過去からのアプローチだったのですが、**「結**

果」を入れた説明は時間軸を未来に移していきます。

先の「ＡＩの発展」を例にしてみましょう。

オックスフォード大学の研究報告では「ＡＩの発展」の結果として、「今後10〜20年後には現在の職業のおよそ50％がなくなる」ことなどが挙げられています。

つまり、ＡＩが発展した結果、現在の職業の約半分がなくなるという事態が起こるというのです。それが実際に起こるかどうかは別として、ＡＩが発展していったその先の未来もあわせて説明することで、現在の「ＡＩの発展」をより一層際立たせ、しっかりと理解してもらうことができるのです。

IKPOLET

タイプ2　AのしくみはBである「メカニズム」

続いてタイプ2は、「メカニズム」を説明に入れるというものです。メカニズムとは、平たくいうと手品のタネやからくりのことです。

相手にしっかりとわかってもらうためには、あなたが伝える新しい情報のメカニズムを説明するのがとても効果的です。

このメカニズムを入れた説明がタイプ1の因果関係と異なるところは、基本的に時間軸を大きく移す必要がないことです。多少の時間軸の移動はあってもいいのですが、基本的には時間を静止させた状況を考えてください。

たとえば、「なんで、水と油はわかれちゃうんだろう？」——あなたも幼い頃、こんな疑問をもった経験はないでしょうか？

このメカニズムを解き明かす説明をしてみましょうか。

私も小学1年生のとき、コップに水を入れて、そこに台所からくすねてきたサラダ油をたらして割り箸で数分間ずっとかき混ぜていた記憶があります。

結局、すぐに水の上に油がプカ〜と浮いてしまって、決して混じり合うことはありませんでした。

この水と油が分離してしまうメカニズムを本格的に説明する前に、まず「そもそも水に溶けるとはどういうことか？」というメカニズムからお話ししていきます。

コップに水を入れて、そこに角砂糖を入れたとしましょう。

もともと水と砂糖は分子という小さな粒子からできていて、その2つのつくりはとても相性がいいのです。

そのため、角砂糖の砂糖の分子は水分子に取り囲まれて水中にバラけていきます。これが「溶ける」というメカニズムです（下図）。

一方、油も小さな分子からできている

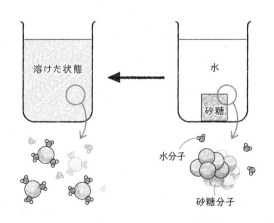

のですが、そのつくりが水分子と相性が悪いのです。詳細は割愛しますが、結論として水分子は、砂糖と違って油の分子にへばりつくことはありません。つまり、油の分子は水中にバラけていくことができないのです。結果的に、水と油は分離してしまうのです（下図）。

　私は化学という科目を担当しているので、特にこのメカニズムの説明は、生徒にしっかりわかってもらうために適したテクニックになっています。

　たとえば「ペットボトルを凍らせると破裂するメカニズム」「水素と酸素で電気自動車が走れるメカニズム」「ＤＮＡ

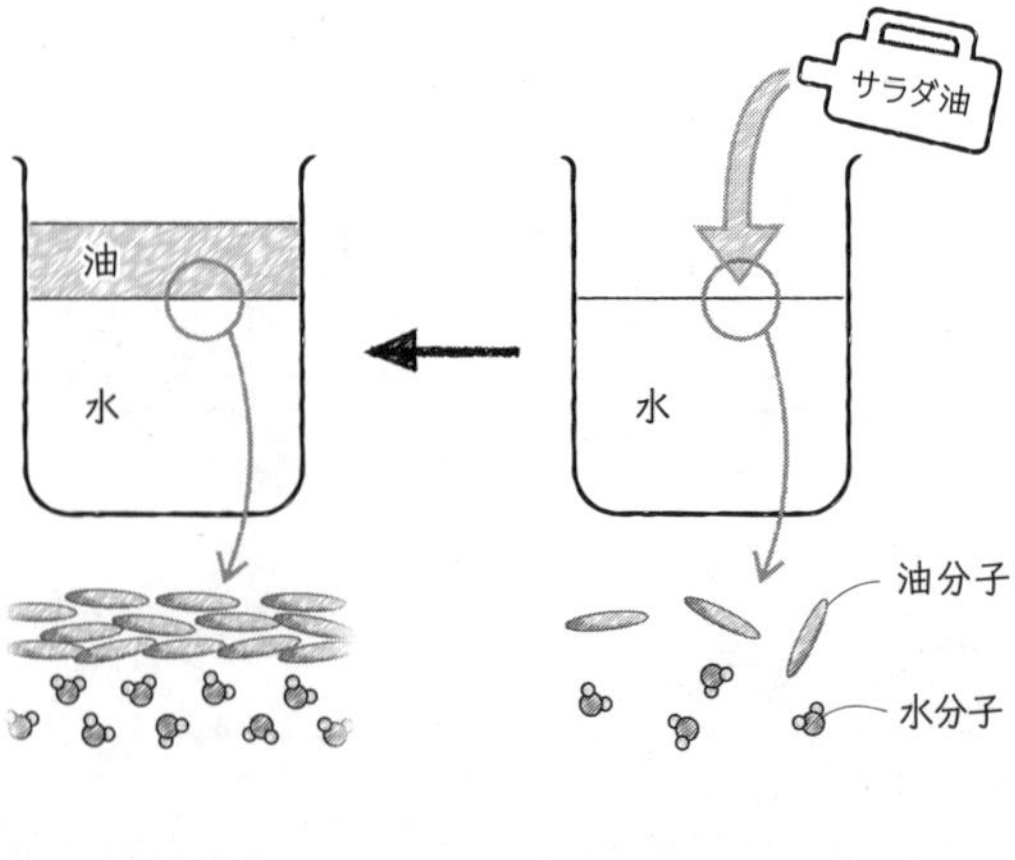

鑑定で殺人犯や自分の子かどうかを特定できるメカニズム」など、メカニズム解明のネタは挙げればきりがありません。

つまり、化学にかぎらず、**サイエンスという学問はメカニズムの宝庫**なのです。

実際にそのままネタになるかどうかは別として、そのメカニズムの説明スキルを学ぶのであれば、『ふしぎと発見がいっぱい！ 理科のお話366』（小森栄治監修 PHP研究所）などのわかりやすく書かれた書籍を読むことをお勧めします。

IKPOLET タイプ3 バラバラのものをあるルールでまとめる「帰納法」

「つなげる」ための3つ目のタイプは、帰納法で説明するというものです。

帰納法という言葉は聞いたことはあるでしょうか？ ちょっと難しく感じますよね。

そもそも帰納とは「データや個別の事例から、普遍《ふへん》的な一般性を推測したり、法則を導いたりすること」という意味で、抽象化の1つです。**「バラバラのものを、あるルールでまとめる」**といったところでしょうか（下図）。

この「帰納法」は、サイエンスの世界でよく用いられる手法です。

たとえば中学校の理科の実験を想定しましょうか。銅板と鉄板を豆電球付きの導線でつないで食塩水に入れたとします。

そうすると豆電球が点灯します。つまり、電気が生まれたのです。

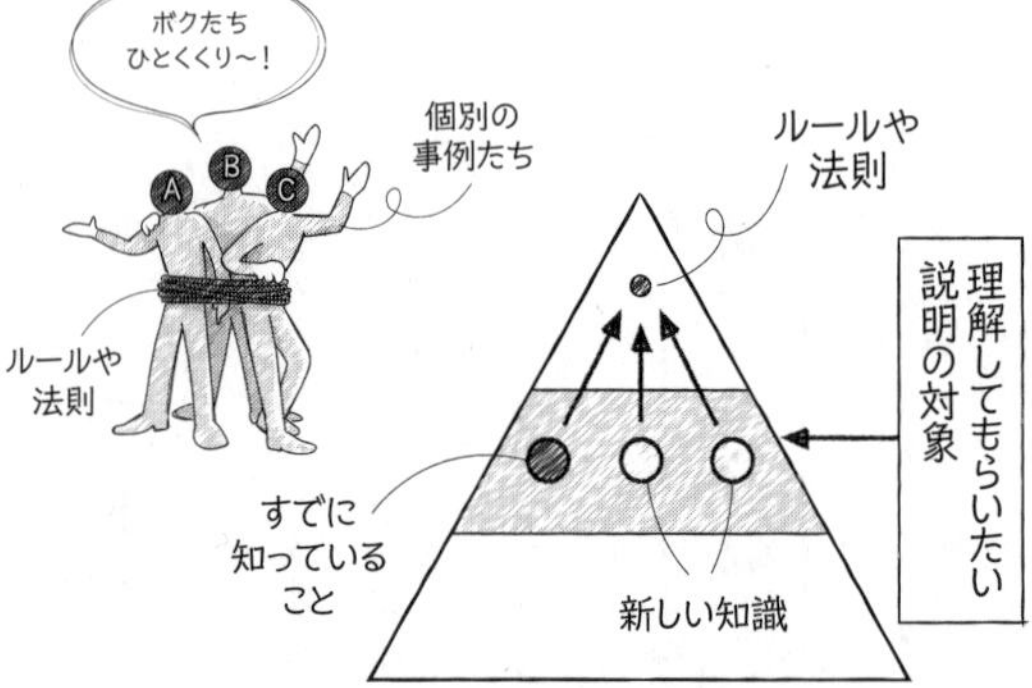

同じ要領で、銅板とアルミニウム板、鉛板と鉄板の組み合わせでそれぞれ食塩水に浸しても、やっぱり豆電球は点灯します。

これらの結果から、「食塩水に2種類の異なる金属を入れると電気が流れる」という法則を見つけることができるかと思います（下図）。これがいわゆる帰納法というものです。

実はこの帰納法は、**相手のもっている知識と同じレベルにある新たな情報を理解してもらうときに便利**なのです。

たとえば、「不意に手から携帯電話を放してしまい、その携帯電話が水没してしまった」というDさんの経験（もっている知識）があったとしましょう。

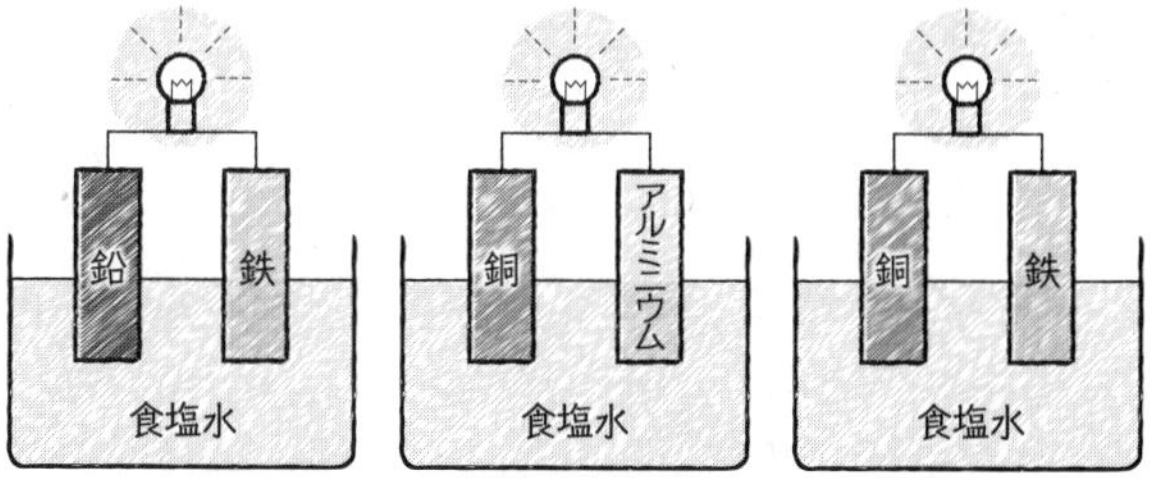

ここで理科教師であるあなたが、「隕石《いんせき》が落ちるしくみ」（新しい情報）を生徒にわかってもらおうとします。

そのとき、Dさんの経験（携帯電話の水没）と「隕石が落ちるしくみ」を、ともに「空中にある物は、支えがなかったら地面に落ちてしまう」という「万有引力の法則」で括《くく》って説明するのです。

> Dさんが携帯電話を落としたのも、映画『アルマゲドン』で隕石が落ちてくるのも、実は同じ万有引力の法則によるものなんだよ。

このように、同じレベルの知識を帰納法でリンクさせることで、相手が頭の中にもっている知識と新しい情報がうまくつながるのです。

大切なことは、**あるルールや法則で、相手のもっている知識と新しい知識を一括りにすることができるのなら、積極的に説明に取り入れるべき**です。

IKPOLET

タイプ4 外堀を埋める「周辺知識」

「つなげる」ための最後のテクニックは、わかってもらいたいことの周辺知識を説明に盛り込むことです。しっかりわかってもらいたいことを中核とした、その周りにある知識のことを周辺知識といいます。
イメージとしては外堀を埋めていく感じです。

これと似た話にね、○○なこともあるんだよ。

この**周辺知識を説明に盛り込むことで、あなたの説得力や相手の納得度は格段に上がります。**
たとえば、ミドリムシの紹介を、周辺知識を盛り込んで次のように説明したらどうでしょう。

【説明例1】

ミドリムシはユーグレナ（Euglena）とも呼ばれる単細胞生物です。ユーグレナ（Euglena）という名称は、「eu（美しい）」＋「glena（眼）」に由来し、細胞の中に見られるピンク色の球（細胞核）が特徴です（下図）。

ミドリムシも鞭毛《べんもう》を使って運動するのですが、同じ単細胞生物であるゾウリムシ（動物）とは異なり、ミドリムシは葉緑体をもっていて光合成ができるという「動物と植物の中間」のような生物なのです。

また、栄養素が豊富なため、栄養補助食品として用いられたり、クッキーに練り込まれたりして使われています。

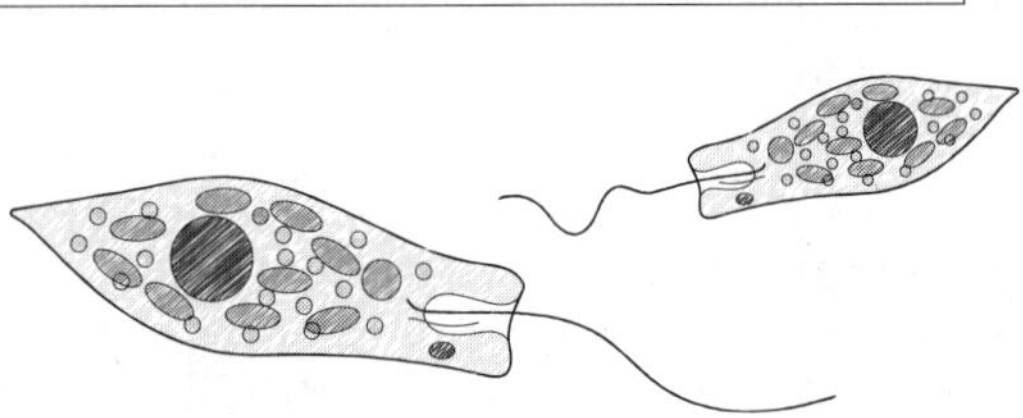

株式会社ユーグレナという、出雲充氏が社長を務める企業では、バイオ燃料として用いる研究も進められています。

このように、ミドリムシ自体を生物学的に語っていくのではなく、名称の由来やゾウリムシとの比較、企業名として使われていることなど、ミドリムシに関連するわかりやすい情報で〝情報のネットワーク化〟をやっておくのです。

これが周辺知識の本質的な機能です。

なお、この周辺知識を説明する場合、意識しなければならないのが、**「縦の展開」「横の展開」のいずれの周辺知識を入れるのがベストなのか**ということです（下図）。

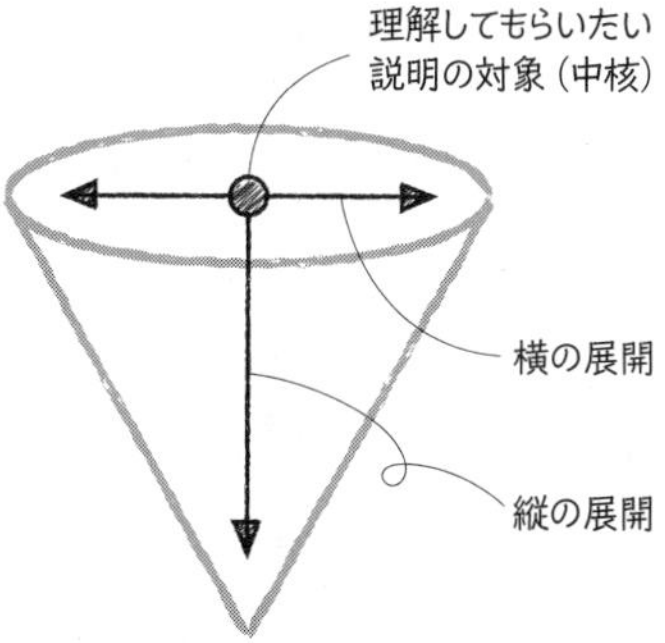

縦の展開というのは、たとえば背景知識を説明に盛り込むことです。

背景知識とは、語源や原義、歴史的背景など、表に現れていない本質的な情報のことです。

何かのキーワードを説明するときに、そのキーワード自体の語源や原義、あるいは社会情勢などの歴史的背景をあわせて説明することで、聴き手にはより深く理解してもらうことができるのです。

たとえば、本書のベースにもなっている「教える」というキーワードをしっかり理解してもらうために、周辺知識として原義を盛り込んだ説明をしてみます。

縦の展開です。

［説明例2］

この「教える」という言葉は、英語のつづりだと「educate」ですね。「educate」の原義は、「外へ（e＝out）、（能力を）導く（ducere＝to lead）」ことです。

つまり、教えることの本質とは、「相手（生徒）の能力を引き出したり、上手く使わせたりすること」という理解ができますよね。「教える」という行為は教える側の一方的なものではなく、相手ありきだということがわかるはずです。

別の説明例として、プレゼンなどのテクニックでもよく登場する「物語る」というキーワードの本質を、原義から考える説明をしてみます。

［説明例3］

「物語る」の名詞形である「物語」という言葉は、英語のつづりで「story」ですね。

この「story」は「歴史（history）」に由来します（正確には、historyの語源であるラテン語の「historia」です）。

つまり、物語の本質とは、歴史と同じように「正確に時間軸をたどることが大前提であり、因果関係を明示するためのもの」という解釈ができますよね。「物語る」という行為は、時間軸に沿って明らかな因果関係を表現するテクニックだということがわかります。

また、横の展開というのは、同じレベル（階層）での知識を盛り込んでいくことです。

縦の展開でお話しした「教える」というキーワードを例にしてみていきま

しょう。

【説明例4】

「教える」という言葉を和英辞典で引くと、「educate」の他に、ティーチャーの「teach」、トレーナーの「train」、インストラクターの「instruct」などが出てきます。

これらの意味を比較してみます。

educate：学校で長期的に幅広い知識を与えながら人を「教育する」の意味

teach：「教える」を意味するもっとも一般的な語で、主に学校で知識や技能を教える場合に使う

train：集中的に訓練して特定の技能を「覚え込ませる」の意味

instruct：主に実用的な技能や知識を順序立てて「教える」の意味

このように「教える」ということは、目的や状況によって異なるとらえ方をするものだということがわかってきますね。

（以上、『Genius』より）

同じレイヤー（階層）に当たる類語を比較することで、相手の理解を深めることができるのです。説明する側は、相手にしっかりわかってもらいたい内容の周辺知識をあらかじめ身につけておく必要があります。

インターネットなど、最近はすぐに調べられるようなツールが十分ありますので、気になったものだけでも辞書などを使って**語源や原義を調べるクセをつけておく**とよいでしょう。

なお、周辺知識を説明する際の留意点としては、**周辺知識のボリュームが増えすぎると、本来理解してもらいたいことがかえってぼやけてしまう可能性があります。**外堀を埋めすぎると、中心が見えにくくなってくるのです。

わかってもらいたい内容の中核が見えなくなってしまうくらい周辺知識を

盛り込んでしまうと、逆に理解が鈍くなるといったリスクが生じます。

私も若い頃よくあったのですが、「あれもこれもぜんぶ話したい！」――そういった感情を抑えられず、講義の中でいろんな話題を盛り込んだ説明をした結果、生徒がまったく理解できないということが度々起こってしまったのです。

自分としてはもっているありったけの知識を披露《ひろう》しているつもりだったのですが、それを聞かされている生徒からしたら迷惑以外のなにものでもありませんよね。

これは、Ｓｔｅｐ3、4でお話しした理解してもらうための目的やそのアウトラインから、説明する側の意識が逸《そ》れてしまっていることが原因です。

周辺知識をリンクさせて説明する場合は、あくまで本来わかってもらいたいことの理解を深めることが目的だということを忘れないでください。

慣れないうちは、説明しなければならない内容のうちの10～20％程度に周辺知識を入れるところから始めるとミスを避けやすくなると思います。

続いては、Step6の「E」をみていくことにしましょう。

即効フレーズ

- 「●●になった理由ってね、……」「●●になったんです。なぜかというと、……」
- 「そもそも●●の語源ってね、……」
- 「●●と××って、原理は同じなんだ」
- 「●●の仕組みってね、××となってるんだ」「●●のカラクリは、××なんだ」
- 「●●をもっと掘り下げるとね、……」
- 「●●から話を広げるとね、……」

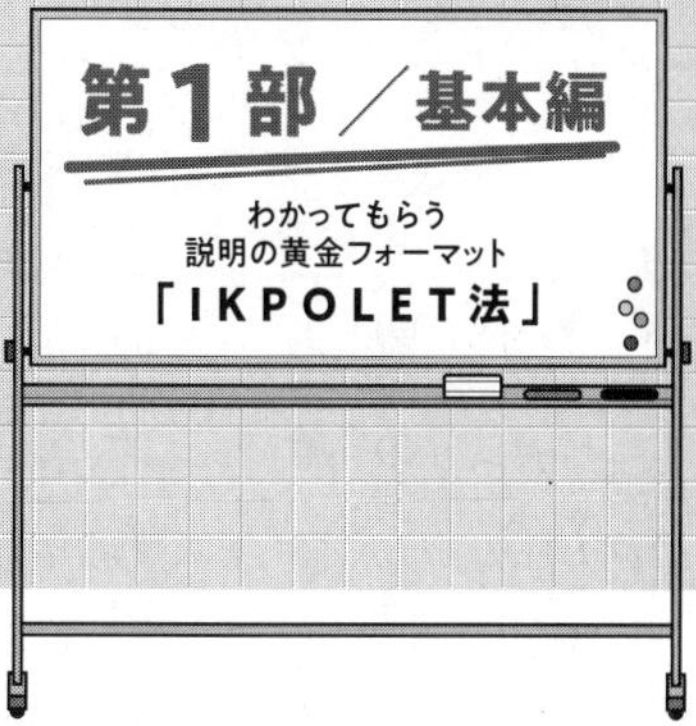

◉Step6−「E」

Embodiment, Example, Evidence

具体化、事例、証拠を示す

IKPOLET

Step 6 具体化、事例、証拠を示す (Embodiment, Example, Evidence)

「この本は、わかりやすい説明の型が学べます」

「この本は、誰でも使える説明用フォーマットが紹介されていて、わかりやすい説明の型が学べます」

唐突ですが、どちらの説明がわかりやすいでしょうか？　違いといえば、「誰でも使える説明用フォーマットが紹介されていて」の有無です。

2つ目の説明のほうが長くなってしまっていますが、おそらくそちらのほうがわかりやすいのではないでしょうか？

それは、２つ目の説明のほうが具体的だからです。

本講では、こういったワンフレーズやワンセンテンスを付け足すだけで、あなたの説明を格段にわかりやすくしていくスキルについてお話ししていきます。

この「わかってもらう説明の黄金フォーマット」Step6は、３つのEというものがあります。これは、具体化（Embodiment）、事例（Example）、証拠（Evidence）に共通する頭文字をとったものです。

本書のメインテーマでもある「難しい内容をしっかりわかってもらう」説明において、大きな壁となるのが、（相手にとって）難しいと感じるものをどう嚙《か》み砕《くだ》いて説明していくかです。私自身も高校課程の化学の受験指導をしていて、この「嚙み砕く」というのは特に意識して身につけたスキルです。

小学校から中学、高校に進むにつれて理科科目の難易度はどんどん上がっていきます。

理科科目の難易度というのは、覚えるべき知識の量ももちろん増えていくのですが、それ以上に内容が抽象化されていき、イメージが湧きにくくなっていくのです。

別の言い方をすると、**難易度の高い内容というのは漠然としていて、頭の中に絵を描きにくい**のです。

漠然とした抽象的な内容をわかりやすく説明できるかどうかは、具体的なイメージを相手の頭の中に描くことができるかどうかにかかっています。

このときに大活躍するのが、具体化（Embodiment）、事例（Example）、証拠（Evidence）の3つなのです。この**3つのEは、相手が納得したり、相手の頭の中に具体的なイメージを描いたりするためのパワーを秘めている**のです。

それでは、この3つのEを1つずつみていきましょう。

IKPOLET

具体化　～Embodiment～

「具体化」とは「抽象的な事柄を実際の形に表すこと」です。

もう少しシンプルにいうと、**漠然としていることを、イメージが湧くレベルまで落とし込む**のが具体化です（下図）。

P174で紹介した『Teaching for Quality Learning at University』にある深い学習へのアプローチ10項目のうち、項目⑤「身近な問題に適用する」がこの具体化に該当します。

この具体化のスゴさは、なんといっても**抽象度の高い法則やルールなどの漠然とした内容を、相手の頭の中に映像が浮かぶくらいイメージさせ**

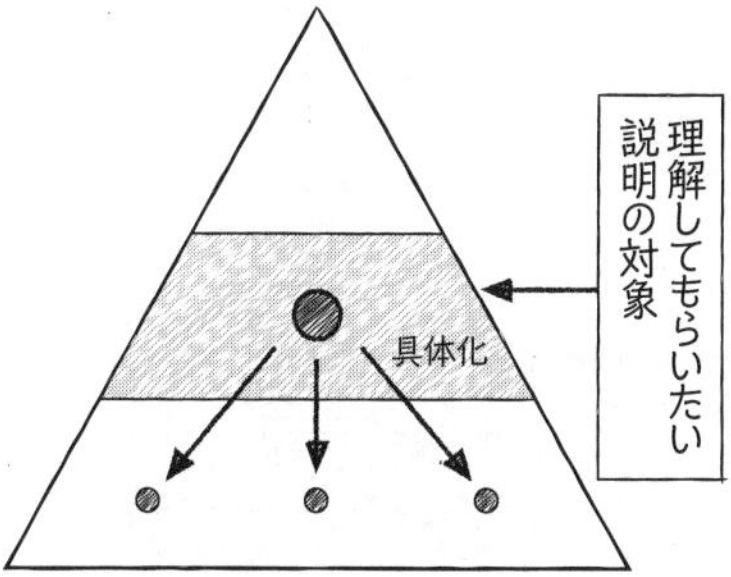

て、理解のスピードを格段に速くさせることができるということです。

たとえば、相手にしっかりわかってもらいたいことを「質量保存の法則」だとしましょう。中学校の理科で学ぶものですが、覚えていますでしょうか？

これは抽象度の高い科学法則の1つですね。この質量保存の法則を「化学変化の前後において、物質の質量の総和は変化しない」と説明しても、わかりにくいと思う人がほとんどではないでしょうか。

ここで、この質量保存の法則を実存するもので具体化して説明してみます。

たとえば、フタをしたビンの中でマグネシウ

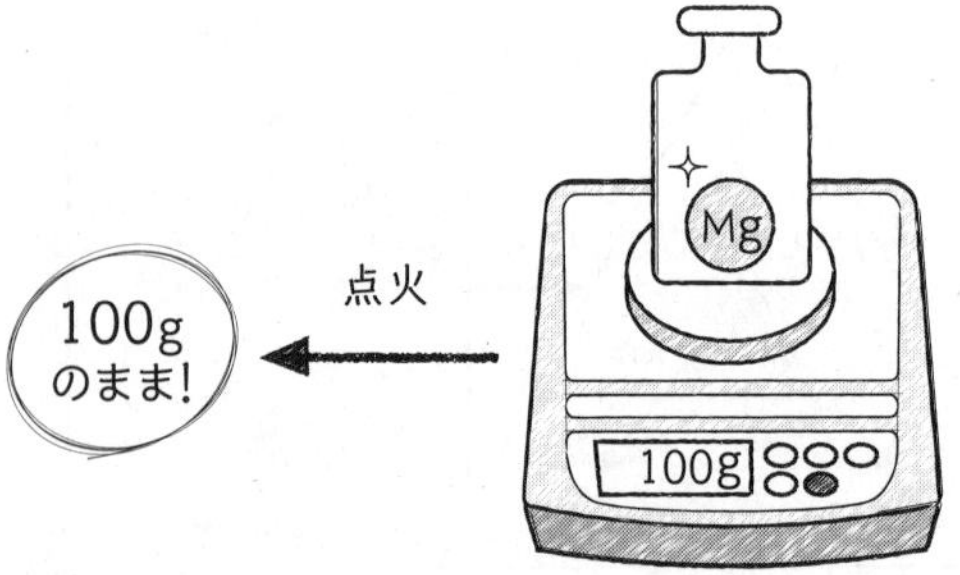

ムMgを燃やす実験を想定してみましょう。仮に、フタをしたビンとマグネシウムMgの重さの合計が100gだったとします。ここで、ビンの中のマグネシウムMgに点火してからフタをして燃やします。完全に燃えきった後のビンの重さを測ってみると、やはり100gのままという結果が出るはずです（右図）。

つまり、マグネシウムMgが燃えて別のものになっても、フタをしていたビンの中の重さは変わらないということが確認できます。

本書を読んでくださっている教養ある方は、「なんだ、そんな当たり前なと思うかもしれませんね。

ただ、**抽象度の高い法則などを初めて学ぶときには、やはり具体化しないとイメージが湧かなかったり、納得できなかったりします。**

この実験を経験したことがある方はわかるかもしれませんが、ビンの中でマグネシウムはすごい光を放って、真っ白なパサパサな灰になるのです。

外見はそんなにも変わってしまうのに、そのビンの中の重さはまったく変化しないというのは、案外子どもたちにとっては「なんで?」と思ってしまうようなことなのです。

このように、**実際にあるもので具体的に話すと、原理や法則のような抽象的な内容をしっかり理解できるようになる**のです。

また、この具体化の応用でいうと、演繹法《えんえきほう》というものもあります。ちょっと聞きなれないワードかもしれませんね。

演繹《えんえき》とは「一般的・普遍的《ふへんてき》な法則や事実から、個別のことを推測し、結論を導くこと」という意味です。Step5で登場した帰納法《きのう》とは正反対の考え方になります(下図)。平たく言うと、「すでに知られている原理や法則に当てはめて

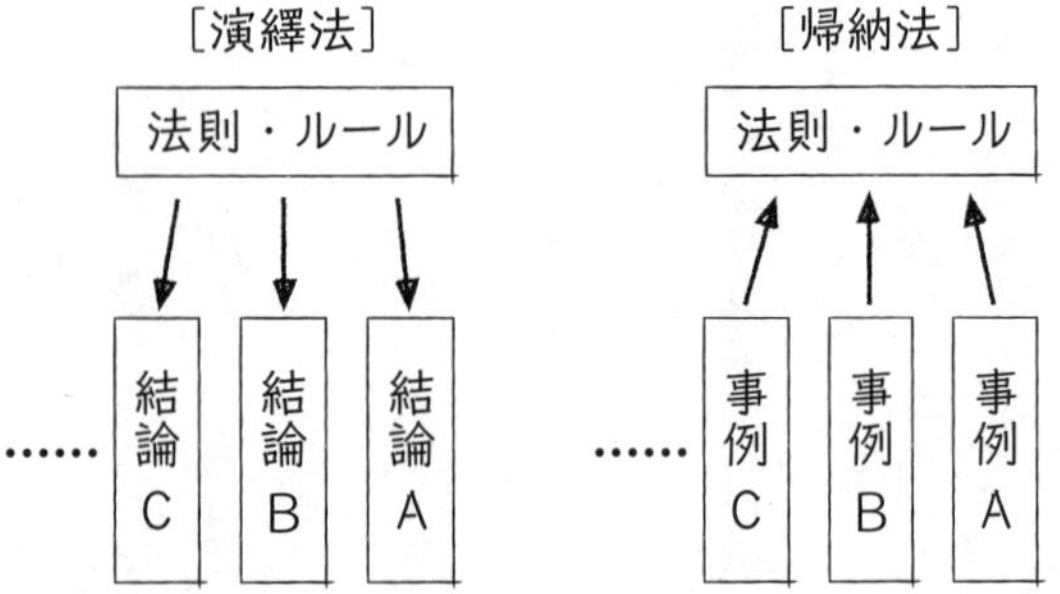

具体を導《みちび》く」というテクニックが演繹法です。

「メンデルの法則」というものを例にとって説明していきましょう。

「メンデルの法則」とは遺伝に関する科学法則の1つですが、聞いたことはありますか？ 中学校や高校の生物学で学ぶ非常にメジャーな科学法則です。

そのメンデルの法則には「2つの違う遺伝子をもつ場合、片方の形質《けいしつ》（性質や特徴）が現れる」という優性の法則と呼ばれるものがあるのです。

この優性の法則をABO式血液型に当てはめて考えてみますね。

まず、各血液型のもつ遺伝子は下図のように

血液型	遺伝子の組み合わせ
A型	AAまたはAO
B型	BBまたはBO
O型	OOのみ
AB型	ABのみ

なります。

　ここで、前提として遺伝子AとBは、遺伝子Oに対して形質が現れやすい性質があります。

　モナリザで有名な芸術家レオナルド・ダ・ヴィンチの血液型はAB型（遺伝子AB）、源頼朝の奥さんである北条政子の血液型はO型（遺伝子OO）のようです（インターネット上で拾った情報なので信憑性《しんぴょうせい》に欠けますが）。

　仮にレオナルド・ダ・ヴィンチと北条政子の間に子どもができたとき、そ

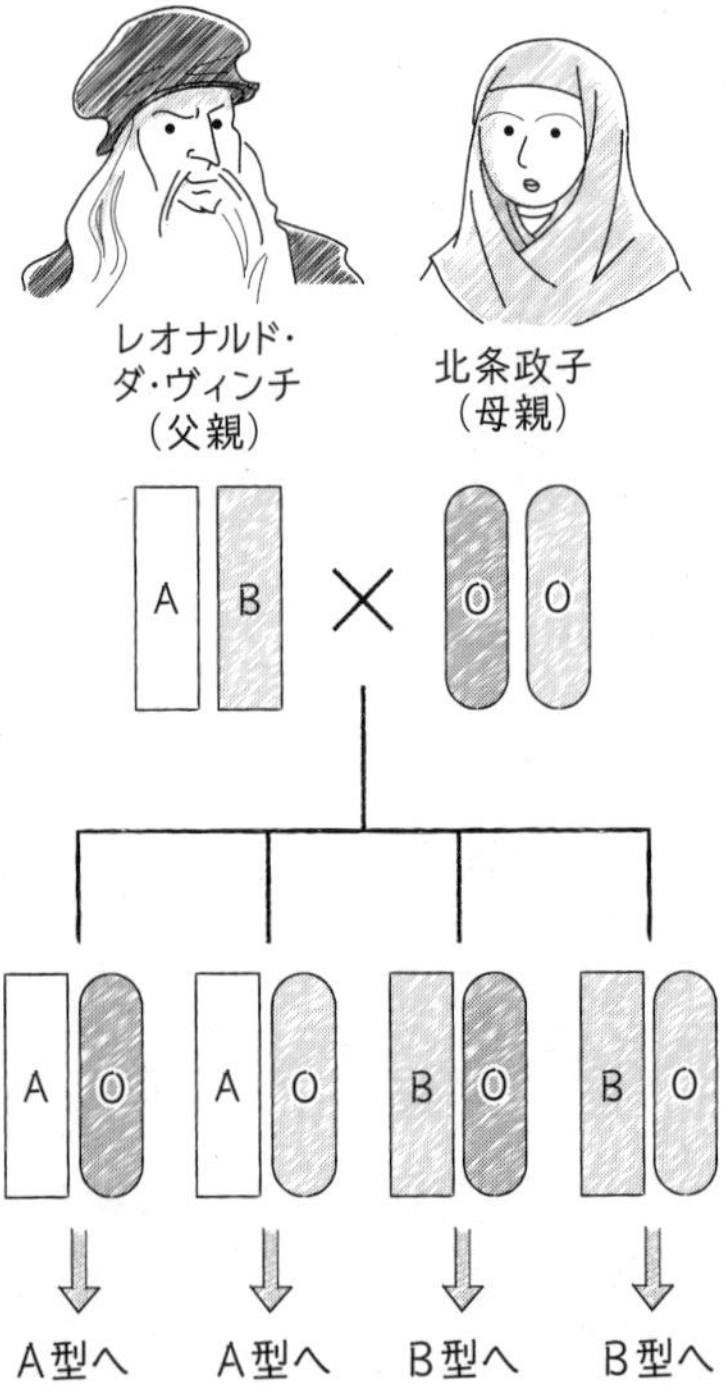

の子の血液型はどうなるのでしょうか？

これをメンデルの「優性の法則」を使って予測してみます。右の図を見ると、子どもの血液型の確率はA型とB型がそれぞれ50％になることがわかります。

つまり、もしレオナルド・ダ・ヴィンチと北条政子に2人の子どもが生まれたとしたら、確率的に片方がA型で、もう片方がB型ということになるでしょう。

こうやって、ある法則に当てはめて結果を予測していくのが演繹法なのです。

ここで大切なことは、**演繹法で「メンデルの法則」というルールに当てはめたら、未《いま》だ見ぬ子どもの血液型という結果を予測できた**、ということです。

さらに、**演繹法で予測した結論と、実際に起こった現実の結果が合致することを相手が確認すると、抽象的な法則やルールを相手がより一層深く理解できる**のです。

IKPOLET

事例　~Example~

続いては「事例（Example）」についてお話ししていきます。事例とは、「前例となる事実や、個々の場合についての実例」のことです。

たとえばさ、……。

実際にあった話でいうとね、……。

このように、現実に起こったことを説明の中に盛り込んでいくのです。

これも具体化と同様、相手の頭の中にイメージを湧かせるにはもってこいのテクニックです。

たとえば「フレミングの左手の法則」というものを説明することを想定してみます。

中学校や高校の物理学で学ぶ法則です。

電流が磁界から受ける力の向きは、電流と磁界の向きと垂直なので、左手の中指を電流の向き、人差し指を磁界の向きに合わせると、親指の向きが力の向きになるのです（下図）。

ここで、フレミングの法則を利用した事例を紹介します。

［説明例］

> フレミングの左手の法則を利用している代表例が、実はモーターなんです。
>
> モーターは、磁界から受ける力でコイルを回転させ、動力を得る装置です（次頁図）。

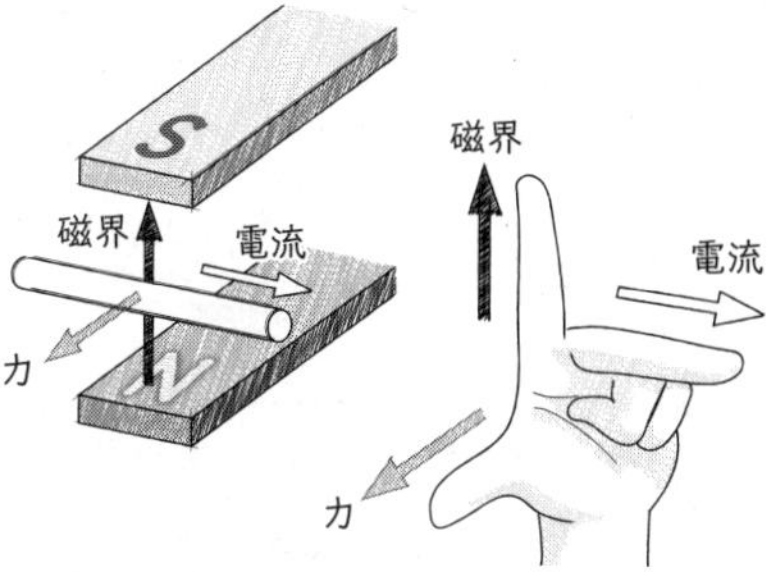

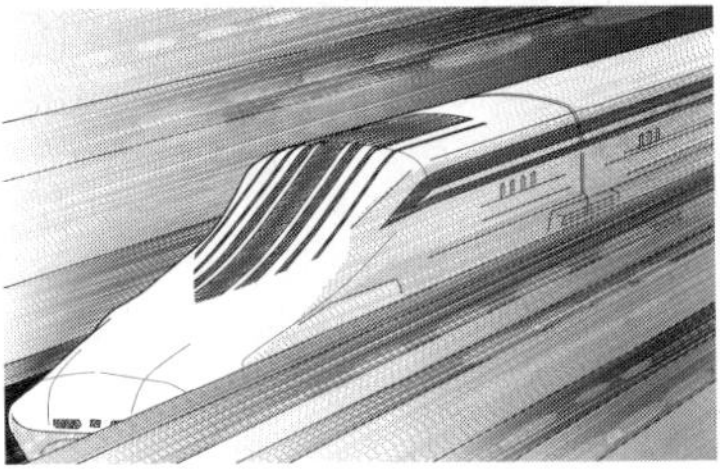

さらに、このモーターのしくみを最大限に活用しているのが、なんとリニアモーターカーなのです。

リニアモーターカーは、磁気で生じる力を利用して車体を浮かせ、走行させています（より大きな動力を得るために、実際にはコイルの代わりに電磁石を使っています）。

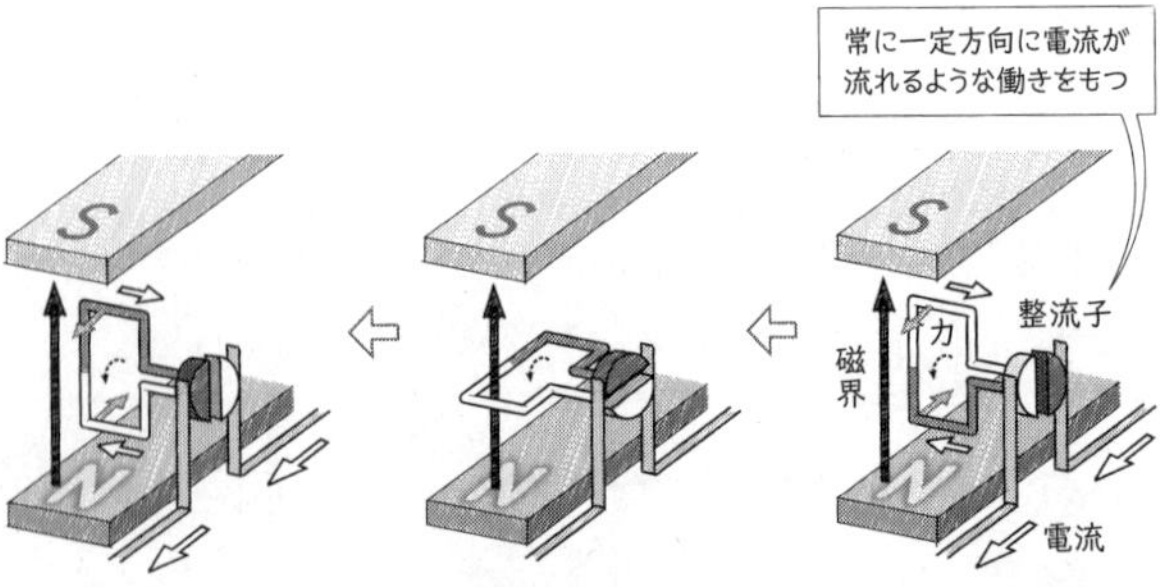

コイルに流れる電流が磁界から力を受け、コイルが回転する。

一瞬電流は流れなくなるが、慣性（運動を維持しようとする性質）によって回転を続ける。

整流子があるため、同じ方向に電流が流れ続ける。

このように、**漠然とした内容を相手にしっかり理解してもらうためには、現実世界の中でそれがどう生かされているのかという事例を伝えることもとても有効**なのです。

IKPOLET

証拠 ~Evidence~

3つのEの最後は「証拠（Evidence）」です。

証拠とは「確実に証明ができる事実の裏付け」のことです。

普段の会話で、「エビデンス」といったりもしますよね。

「これが証拠です！」「証拠はあります！」

推理小説やテレビドラマの裁判のシーンなどでよく登場するフレーズでもありますね。アリバイや凶器といった、犯行を裏付けるための判断材料となるものが証拠です。この「証拠」のすごいところは、なんといってもその「パワー」です。説明における説得力がハンパない。

「確かに、それはその通りだ！」

「それを出されてしまったら、もう何も言い返せない……」

相手にしっかりとわかってもらいたいことの中身が〝確かである〟ことを示す絶大なパワーをもっているのが、この「証拠」なのです。

なぜなら**証拠とは、誰が見ても同じようにとらえることができる客観的な事実だから**です。

たとえば先にも登場した「質量保存の法則」で考えた場合、電子天秤《てんびん》を使ってビンの中のマグネシウムを燃やし、電子天秤の数値が変化していないという事実。この事実があれば、その実験結果は質量保存の法則を示す立派な証拠になります。

あなたが相手にしっかりわかってほしいことがあるのなら、それを証明する「動かぬ証拠」を普段から意識的にストックしておくことが大切になります。

ちなみに、**動かぬ証拠として私が意識的にストックしているものは一次情**

報に他なりません。

一次情報とは、「元のまま手が加えられていない情報」のことです。これは変に手が加えられていないぶん、逆に証拠としての価値が高くなるのです。

特に私は、次の2種類の一次情報をストックするようにしています。

① 公的機関が出しているデータ（特に数値）

② 自分の実体験や現場の情報

信頼性の高い公的機関の出しているデータ、特に数値が入っているものは、私もよく利用させてもらっています。仕事柄、文科省や総務省のHPにある国勢調査などは頻繁《ひんぱん》にチェックしています。

「国」というフィルターを通しているとはいえ、このような**公的な一次情報は、証拠としての客観性や信頼性がある程度担保されていると考えてOK**だと思います。

また、②の「自分の実体験や現場の情報」も私はとても大切にしています。

なぜなら、**現場で起こったことというのは必ず真実**だからです。その解釈には注意が必要ですが、これまで一貫して現場主義で教育を実践してきた私にとって、自分が現場で経験した事実は大切な証拠になると考えています。

あなたも、ご自身が実体験した真実をしっかりストックしておいてください。あなたの説明にとっての大事な「証拠」になるのですから。

なお、この3つのEは、1回の説明ですべて盛り込む必要はありません。むしろ、3つのEを1回の説明にすべて盛り込んだら、相当なボリュームになってパンパンになってしまうはずです。

そのため、相手の理解度を最優先する場合は、この3つのEのどれか1つをちゃんと入れておき、相手のキャパシティや時間に合わせて適宜追加していけばいいでしょう。

それでは、いよいよ次が「IKPOLET法」の最後、「転移（Transfer）」です。

即効フレーズ

- 「具体的に言うとね、……」
- 「たとえばさ、……」
- 「●●という動かぬ証拠があります」

★COLUMN★COLUMN★COLUMN★COLUMN★COLUMN★

コラム

③

子どもに勉強を教えてみよう

～身近な習慣で「説明力」アップ！～

相手がその内容をしっかりわかってくれて、さらに行動に変化が出るまでになったら、その説明には大きな価値があったといえるでしょう。

その行動がすぐに起こるかどうかは別として、行動につながるくらいまでにあなたの説明が相手に浸透する、これがもっとも価値ある説明だと考えてください。

このタイプの説明は、それまで自分の中になかった新たな知識体系が生まれ、その結果、行動に変化をもたらす可能性を飛躍的に高めているのです。

たとえば、あなたがお子さんに勉強を教えているとしましょう。

「昨日、●と■と▲って、つながってるって教えたじゃない？　今、教えてる★って、実は●、■、▲全部につながってるものなんだよ」

このとき、これまでお子さんの頭の中でバラバラだった知識があなたの説明によって整理整頓されるのです。

そうすると、お子さんはアウトプット（行動）しやすくなり、より多くの問題を解くことができるようになるのです。

★COLUMN★COLUMN★COLUMN★COLUMN★COLUMN★

◉Step 7－「T」 Transfer

転移

IKPOLET

Step 7　転移（Transfer）

実はこの考え方って、こっちでも使えるんだよ。

これってトクな話じゃないですか？

教えてもらった〝1〟というものが、別のところでも使える。つまり、**いったん手にした〝1〟が、〝2〟にも〝3〟にもなる**んです。いわゆる〝レバレッジが効く〟というやつです。

こういった説明って、聴く側からしたら理解し直す手間が省けてありがたいんですよね。

ここでは、これをあなたの説明の中に入れていくノウハウについてお話ししていきます。

これは、「わかってもらう説明の黄金フォーマット」の最後のStep7の「転移（Transfer）」というものです。この転移とは、「一度学んだことが、そのあとの学びに影響を与えること」です。

つまり、**転移ができるというのは、すでに身につけた知識や考え方を、他のシチュエーションで適宜使うことができる**ということです。

見方を変えると、あなたが説明した内容を相手がまったく異なるシチュエーションで使うことができたとしたら、それはあなたの説明が相手の転移を促《うなが》したということです。

私は、この**転移を起こさせることが、わかってもらう説明の最終形**だと考えています。

なぜなら、人が人に説明できる回数には限度があります。時間は有限ですから。

つまり、**できるだけ少ない説明で、より多くのことをわかってもらうということは、情報が溢れている今の時代には大きな価値を発揮する**のです。

そこまで深く考えなかったとしても、単純に1回の説明でしっかりわかってもらえて、相手がそれを他の場面でも使ってくれたら、説明の手間が省けて楽になりませんか？

説明する側にとっても、聴く側にとっても、転移ができる説明というのは理想なのです。

予備校においても、講師はできるだけ生徒が「問題を解くスキル」を転移ができるよう授業内容を工夫します。私が講義や拙著の説明で最も重視していたことが、実はこの転移なのです。

なぜなら、講義で解いてみせた問題は入試の本番ではまったく同じままで出題されることはありませんが、問題を解くスキルはほとんどそのまま使えるからです。

つまり、**受験指導においては講義で問題の解説を生徒に納得させるだけでは足りず、その解くスキルには類題にも適用できる再現性や汎用性《はんようせい》がなくてはならない**のです。

私自身は、ある1つの問題を解説したら、その類題を最低10題解けるように指導してきたつもりです。まさに、「1教えて10できる」——これがわかってもらう説明の最終形だと考えています。

なお、P174で紹介した『Teaching for Quality Learning at University』にある項目②「離れた問題に適用する」に該当するのが転移です。

それでは、ひとまず転移のしくみからみていくことにしましょう。

IKPOLET

どのようにして転移は起こるのか？

実は、転移については数多くの学術的研究がなされています。

ただ、ここではそういった細かい話はいったん置いておいて、転移が起こる流れについて大まかに説明しておきます。

転移は、次の2つのステップで行っていきます。

Step1 これから説明する新しい情報や、相手のもっている知識を抽象化する

Step2 その抽象化したものを、別の場面で具体的に適用する

まず最初のステップでは、これからあなたが説明する新しい情報や、相手のもっている知識を抽象化します。

そして、次にそれらの知識や理解を別の場面で具体的に適用するのです。

ピラミッドのいったん上のレイヤー（階層）に向かったそのあとに、元のレイヤー（または、さらにその下のレイヤー）に戻るイメージです（下図）。

少しわかりにくいですよね。具体例でみていきましょう。

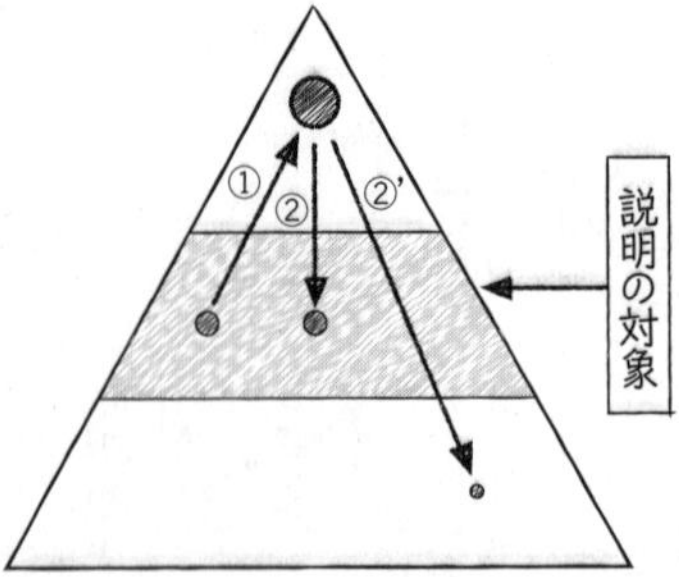

たとえば、ビジネスシーンで代表的な雑用に思えてしまう「コピーを取って配布する」という活動で転移を考えてみます。

まず、「コピーを取って配布する」――この地味な活動を抽象化すると、「情報を複製して他の人と共有する」と考えることができますよね。

これは、「情報を複製して他の人と共有する」ということをコピー取りの目的と考えれば（抽象化）、社員同士のメンバー間で、オンラインサービスのDropboxやGoogleのチャットワークなどを使って情報をシェアし、インターネット端末でそれぞれ閲覧《えつらん》する（具体化）という活動にしてもいいわけですよね。

これが転移というものです。

IKPOLET

転移の価値とは？

冒頭の「問題を解くスキル」、つまり「問題解決力」の転移についてもう少しお話ししていきますね。

先ほどお話しした「解くスキル」の転移というのは、私が指導している化学という科目の中で起こすことを目的としていますが、こういった狭い範囲での転移を私は「近い転移」と呼んでいます。

一方、もっと広範囲にわたる転移というものがあり、それを私は「遠い転移」と呼んでいます。実は、この**「遠い転移」により大きな価値がある**と私は考えています。なぜなら、「遠い転移」というのは、その科目を超えて他の科目、さらには日常生活やビジネスにも適用できるものだからです。

先ほどの「コピーを取って配布する」を例に、転移の遠近を考えてみましょう。

先のビジネスシーンでの転移は比較的近い転移ということができます。これを、あえて家族間でのプライベートな活動に転移してみましょうか。

たとえば「情報を複製して他の人と共有する」という抽象化した活動から、家族のグループＬＩＮＥを作成します。そして、そのノート機能というものに、自宅の食材などの不足品を、気づいた人がその都度書き込んでいきます。購入できそうな家族の誰かがその不足品を買い足し、買うことができたらそのノートから購入したものを削除していく――このような活動につなげることができれば、家族内の業務の効率化が図れるはずです。

「コピーを取って配布する」という活動を深く理解できると、想像もしなかった場面に転移することもできるのです。「情報共有のための効率化」をビジネスシーンの生産性向上だけでなく、プライベートにも適用することで、「コピーを取って配布する」という活動の価値が跳ね上がったのですね。

勉強の例も少しお話ししておきましょう。たとえば、私の受験生時代の経験でいうと、「文章読解」が転移のいい例です。受験生当時の私は、英語が非常に苦手で、特に長文読解はまったく点数が取れない状態でした。そのため、英語の長文読解の勉強にはかなり多くの時間を割《さ》いていました。

ただ、時間をかけたぶん、英文読解のコツはそれなりに身につけることができました。偏差値も少しずつですが上がっていきました。

一方、センター試験のみで必要だった現代文の勉強は、実はずっと後回しにしていました。センター試験にしか使わないということで、なかなか勉強する気が起きなかったのです。

ただ、なぜだか現代文の偏差値はみるみる伸びていったのです。

「オレは、現代文の天才か？　文転するなら今か？　将来は芥川《あくたがわ》賞作家か？」

そんな勘違いも一瞬起こしたくらいです。

なんてことはない。英文読解の学習で身につけた読解スキルが、無意識のうちに現代文にも転移できていただけなのです。これは現代文と英語の講師の方に裏付けをとったことです。

大学入試で出題される文章というのは、英文でも現代文（特に評論）でも、その文章中に「二項対立」が潜んでいたり、「抽象論から具体へ」というある決まった流れがあるのだそうです。

そうすると、自ずと文章読解のスキルは似てくるようなのです。これは科目を超えた転移のいい例だと思います。

転移をうまく活用することで、学習の価値をどんどん上げることが可能になるのです。

IKPOLET

転移の拡張性

実は、転移にはまだまだすごい可能性が秘められているのです。「モデル」と「デザイン」という、2つのテーマで転移をみてみましょう。

まずは、「モデル」からいきます。モデルの転移の具体例として、「理科実験から企業の業務改善」を考えてみます。ちょっとかけ離れた感じがしますよね。でも、ここは非常に面白い転移ができるのです。

理科の実験では、「実験計画（仮説の立案）→実験の実施→仮説の検証→仮説の修正」というサイクルを回すのが一般的です。

このサイクルって、どこかで見たことはありませんか？ そう、ビジネスでの業務改善を円滑に進めるときに用いられるPDCAサイクルというものとほとんど同じ形なのです。

念のため、PDCAサイクルを説明しておくと、「計画（Plan）→実行（Do）→評価（Check）→改善（Action）」の4つの頭文字をとった業務改善の手法の1つです。

つまり、学校の理科の授業を転移ができるレベルまで深く理解している人は、社会人になってからわざわざPDCAサイクルなんて学ばなくても自然にできてしまうのです。

転移の視点でいうと、理科実験もビジネスの業務改善も共通しているのですね。

続いては、「デザイン」の転移を紹介します。

デザインの転移の具体例として、生物のデザインを商品開発などに応用する技術があり

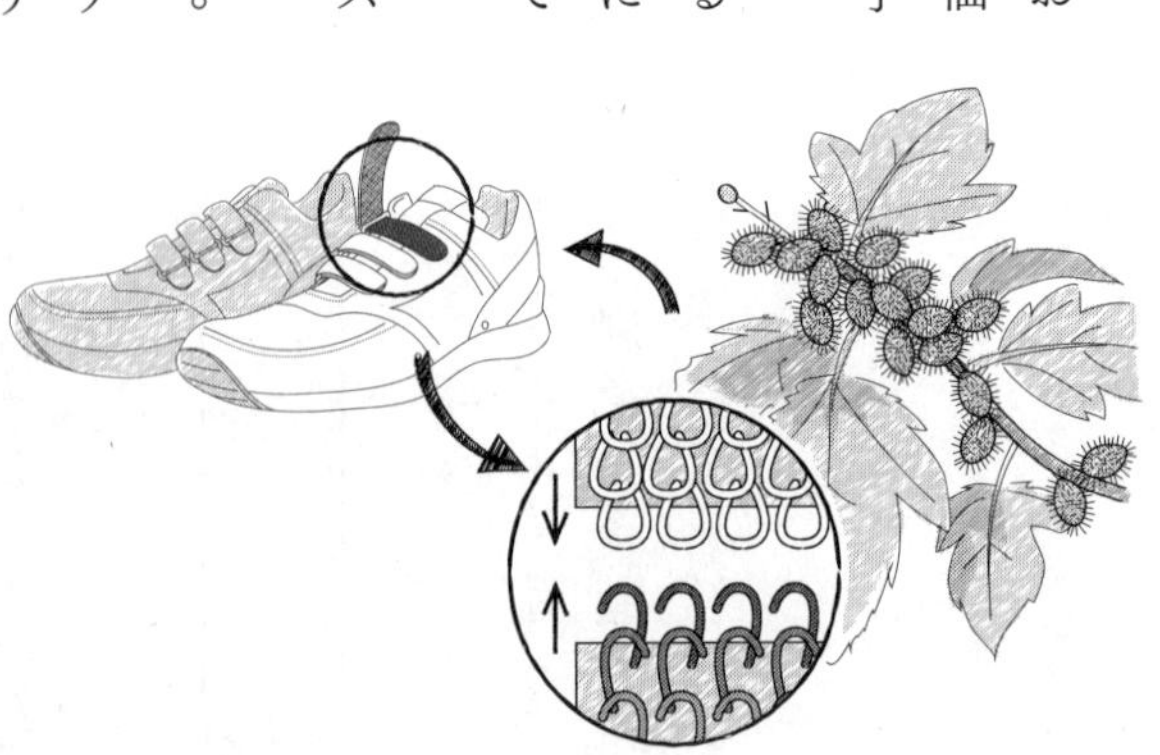

ます（これを生物模倣技術、あるいはネイチャーテクノロジーなどといいます）。

これは、生物がもつ構造や機能などのデザインの転移により支えられている技術です。

有名なところでいうと、靴のマジックテープ®です。これは、オナモミの実についているイガのデザインを転移して開発されたのです。

イガの先端がフックのように曲がっているデザインを模倣したフック状の繊維をつくり、それをループ状の繊維に絡めてくっつけているのです（右図）。

こういったデザインの転移による発明はまだまだあります。

ツルッツルのガラスにへばりつくことができ

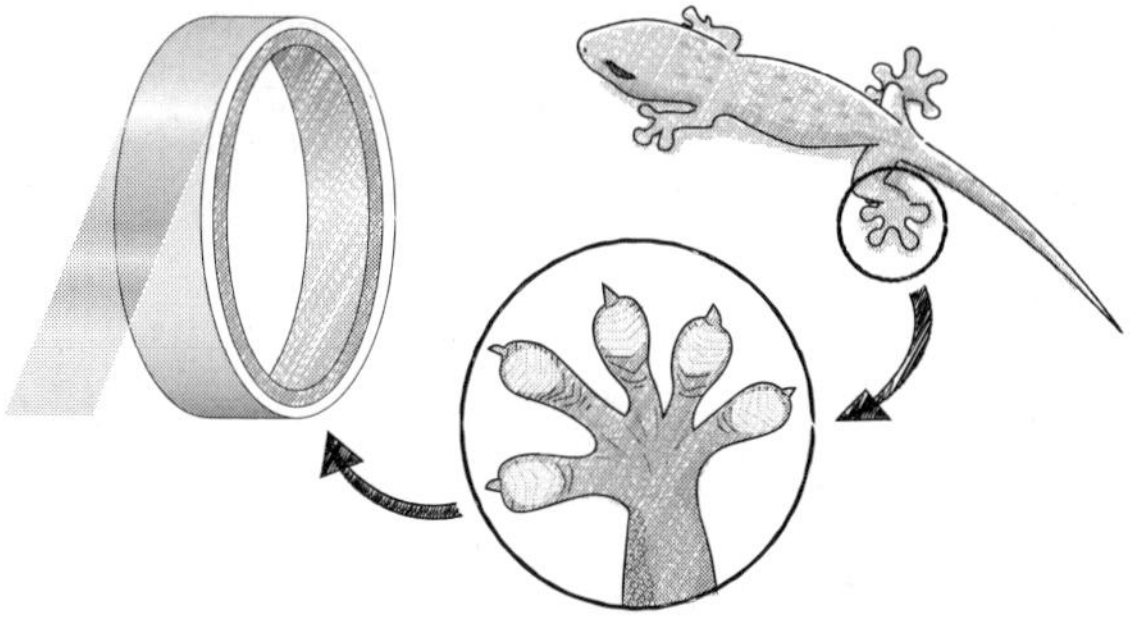

るヤモリ。このヤモリの足の裏の構造を解析し、接着力の非常に高いテープが開発されています（前頁図）。

他には、縁日やコンサート会場でよくみかけるペンライト。あれは、ホタルのおしりが光る原理（化学反応）を利用しているのです（下図）。

このように、**学んだ知識や理解したことを上手く転移させることができれば、思いもつかなかった新しいアイデアや発想をどんどん生み出すことができる**のです。

まさに、創造力そのものです。では、転移を促す説明をするために、話し手は、どのような工夫をすればよいのでしょうか？

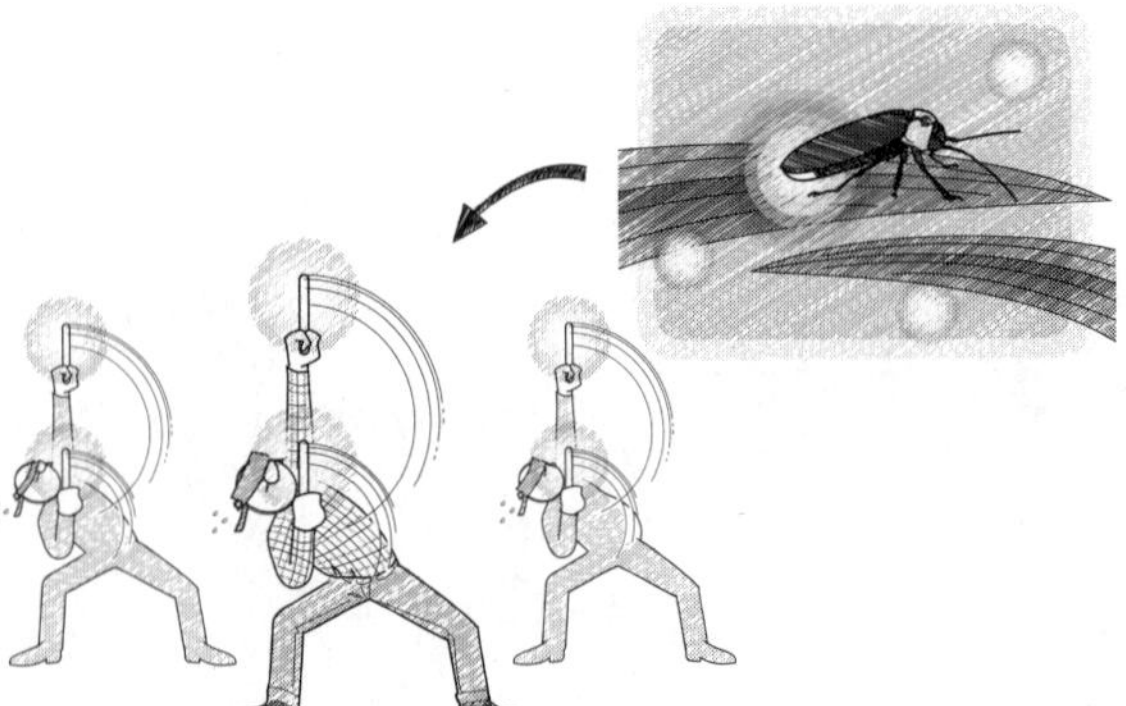

IKPOLET

転移を促す説明とは？

これまでお話ししてきたような**転移を、説明の中で意図的に相手の中に起こさせていくには、まず説明する側に幅広い教養が求められます。**

特に**価値の高い「遠い転移」は、他のフィールドから引っ張ってくるか、他のフィールドに移していくかという作業が必要**です。ですので、説明する側は他のフィールドのこともある程度知っておかなければなりません。

ただ、早急にあなたの説明の中に転移を盛り込むのなら、1つだけ即効性のある方法があります。

それは、**Step3でお話しした目的と手段の視点からピラミッド構造のように、ご自身の専門分野や今現在行っている業務を体系化しておく**ことです。

特に、目の前の仕事というのは具体性が強いので、それを抽象化しておくといいでしょう。

そうすれば、転移がしやすい状態で情報をストックできます。

たとえば、私の場合は「生徒を大学に合格させる」ことが仕事の目的です。そのために私ができることの1つが「化学の得点力を身につけさせる」ことです。

さらに、そのためには「わかりやすい説明をする」ことが必要であり、それは「正しい教授法を身につける」ということをしなければなりません。このように、「そのためには」という目的思考でピラミッドの上に登っていくのです。

そこで抽象化されたスキルやノウハウが他のフィールドに転移できないかを改めて考えてみるのです。

手前味噌《みそ》ですが、私の場合は長年、予備校業界で身につけた「わかりやすい説明力」というものがありますので、それを言語化、ノウハウ化することで本書という形に転移させることができたのです。

このような作業を行うことで、**ご自身の専門分野や業務の階層構造がビジュアル化され、ピラミッドの中を行ったり来たりしやすくなります**（下図）。

その行って帰ってくる距離を少しずつ少しずつ離していくことで、転移による価値を高めることができるのです。

類似のフィールドや別フィールドでも、ピラミッド構造自体が似ているのであれば、それまで培《つちか》ってきたあなたのピラミッド内での行き来を当てはめてみます。

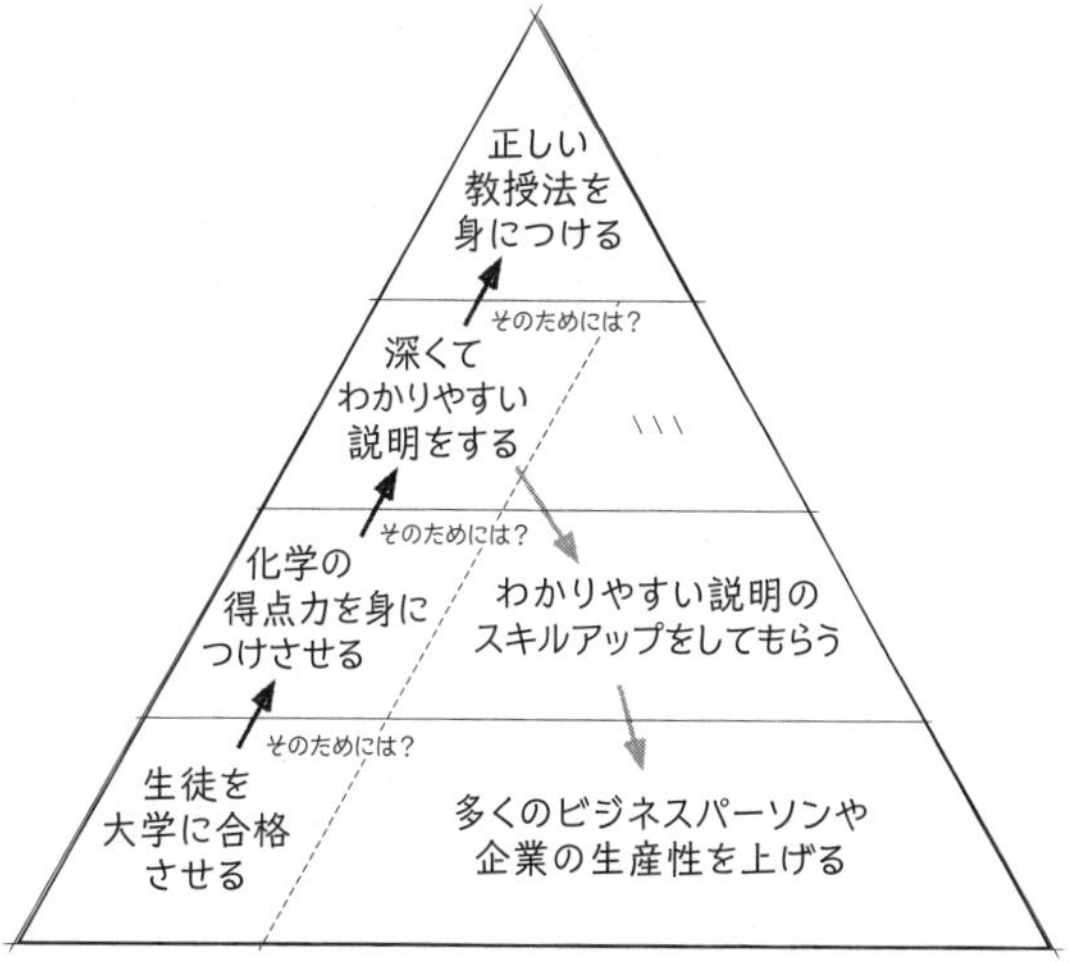
正しい教授法を身につける
そのためには？
深くてわかりやすい説明をする
そのためには？
化学の得点力を身につけさせる
そのためには？
生徒を大学に合格させる
わかりやすい説明のスキルアップをしてもらう
多くのビジネスパーソンや企業の生産性を上げる

そうすることで、転移を入れた説明のスキルアップが短期間でできるようになるのです。

あなた自身が経験した転移のことも含めて、説明の中に少しずつ盛り込んでいくことで、相手は転移をどんどんイメージできるようになります。

もし、あなたが説明しているとき、明らかに転移できるという場面を見つけたら、

あのとき説明した○○の考え方は、実はここでも使えるんだよ。

このようなフレーズで、転移ができることをアピールしてあげてください。

先のPDCAの例でいうと、私は自分の講義で、

こうやって仮説に基づいて実験計画を立てて、それを検証し、新たな仮説をつくっていくというこの化学実験のサイクルは、キミたちが社会人に

なってからもすごく使えるんだ。自分で立案した企画の仮説検証《かせつけんしょう》をしっかり行って、次の新しい企画に結びつけていく。そういった業務改善ですごく役に立つんだよ。

このように、直近で転移できるかどうかは別として、**どういった場面で使えるかを説明する側があらかじめ話の中で伝えてあげることが大切**です。

IKPOLET

IKPOLET法は実践知と理論知の結晶

第1部のStep1〜7でIKPOLET法をみてきました。

繰り返しになりますが、あなたにわかってもらいたいことは、「相手にしっかりわかってもらう説明には〝型〟が存在する」ということです。

単に説明をするだけでなく、相手にしっかりと理解してもらう説明にこそ大きな価値があり、さらにその説明には〝型〟が存在します。

こんな、当たり前のことが、数多くの学術研究論文や専門書を読み漁《あさ》りながら教育現場で実践してみた結果、やっとわかったのです。

もっと早く知っていれば……、と最近ちょくちょく後悔しています。

でも、今がいくつだってどんな仕事についていたって、わかってもらう説明は誰にだってできるのです。

そして、そのスキルをあなたが身につけたら、目の前の相手がどんどん成長していくのです。そう思うとワクワクしてきませんか？

それでは、第2部では、さらなる高みを目指す方には必見の「応用編」についてお話ししていきます。

即効フレーズ

- 「この考え方を●●に当てはめてみるとね」
- 「あのとき説明した●●の考え方は、実はここでも使えるんだよ」

超速フレーム「KOLE法」

KOLE

IKPOLET法を実践しやすい「超速フレーム」とは

第1部　基本編でIKPOLET法の全工程についてお話ししてきました。この全ステップを踏むことで、「頭のいい説明」、すなわち「難しいことをわかりやすく伝える説明」は確実にできます。

一方、前述しましたが、このIKPOLET法は、すべてのステップを踏む必要はありません。カットしてもいいステップもありますし、順番を多少入れ替えても問題はありません。

また、全部で7ステップもあるため、いきなりこの7ステップすべてを実践するのはハードルを感じてしまう方もいるかもしれませんよね。

ですので、ここでは、日常や仕事でかなりの頻度で用いる専門用語や業界用語など、聴き手が知らないであろう用語を説明するようなシチュエーションで使える、より簡易的で実践的な「型」を紹介します。

最近、話題にもなっている「ＤＸ」という用語を例にしてみましょう。


ＤＸという言葉は聞いたことがあるでしょうか？

ＤＸとはデジタル・トランスフォーメーションの略称で、デジタル技術の浸透が、人々の生活をあらゆる面でより良い方向に変革させるという考え方です。英語圏では〝Ｔｒａｎｓ〟を〝Ｘ〟と略すのが一般的なのでＤＸと表記します。

このＤＸを推し進める理由として、デジタル市場の拡大に伴い蓄積している膨大なデータの未活用、さらにテクノロジーの急発展に伴うＩＴ人材の不足などが挙げられます。

例えば、日本交通は、過去の乗車履歴に加え、現在開催しているイベントの情報や気象情報、鉄道の遅延情報などのデータを人工知能が分析し、需要が多い場所を予測する「ＡＩタクシー®」を導入したことで、タクシーの稼働率が大幅に高まりました。

この「DX」という用語のような聴き手が知らない可能性のある用語を説明するときに使える「IKPOLET法」の簡易バージョンを紹介します。

この簡易バージョンは、企業研修のスキルトレーニングとして受講生の方々にも実践してもらっているもので、「KOLE（コレ）法」と呼んでいます。「KOLE」とは、「IKPOLET法」で説明した各アルファベットを抜き出したものです。

Step0 **聴き手の持っている知識や認識にアクセスする**（Knowledge）

Step1 **大枠を見せる**（Outline）

Step2 **つなげる**（Link）

Step3 **具体化、事例を示す**（Embodiment, Example）

それでは各ステップを、具体例を交えながら用語の説明という文脈に沿って簡潔に改めて説明していきますね。

KOLE

Step 0 聴き手の知識や認識にアクセスする（Knowledge）

まず、これから自分が説明したい用語を聴き手が知っているかどうか、まず聴き手に発問します。

〇〇という言葉を聞いたことがあるでしょうか？
〇〇をご存じですか？

このように聴き手に投げかけます。
このステップの目的は、第1部 Step2でもお話ししたように、聴き手のリアクションを観察することです。

聴き手の頷《うなず》き方や首の傾《かし》げ方などを観察することで説明したい用語の理解度を大まかに把握します。

聴き手が大人数の場合は、その用語を知らない人の割合を、大雑把で構わないのでチェックします。このステップを踏むことで、以降のステップでの説明のレベルやボリュームなどを調整していきます。

例えば、聴き手に発問した際に、

（心の声）あー、けっこうあやふやな理解の人が多そうだな。そしたら、細かい情報はカットしちゃって、基礎的な内容に絞って話そうかな。

このように、以降の説明の方針を定めます。なお、このステップをStep「0」としているのは、ほとんどの聴き手が知らない用語だとわかっている場合は、このステップをカットしてしまってもいいという理由からです。

KOLE

Step 1 大枠を見せる（Outline）

次に、用語の大枠を見せます。大枠というのは、概要や結論部分を指しますが、用語の説明の場合は、その用語の「定義」になります。

私の場合、定義はできるだけ辞書を引くようにしていますし、辞書に載っていない造語のようなものは、できるだけ大元をたどり、その用語を作った人が提示している定義を最優先して使うようにしています。

また、英語の略式表記やカタカナ表記の用語などを説明する場合は、まず日本語訳を示したほうが良いでしょう。例えば、先の「DX」という用語を説明するときには、次のような説明をします。

> 「DX」とは、Digital Transformationの略称で、進化したデジタル技術で人々の生活をあらゆる面でより良い方向に変革させるという考え方です。

なお、英語圏では、〝Ｔｒａｎｓ〟を〝Ｘ〟と略すのが一般的なので、ＤＸと表記します。

また、**用語の定義を説明する際に気をつけたいのが、できるだけ専門的な単語を用いず、平易な単語で説明すること**です。専門用語の説明の中に専門用語が入ってしまうと、聴き手を混乱させかねません。

例えば、「ＤＸ」という用語を説明する際に、次のような説明をしたらどうでしょうか。

「ＤＸ」とはビッグデータやデジタル技術を活用し、ビジネスモデルにイノベーションを起こすことです。

このような説明をした場合、聴き手によっては「ビッグデータ」という用語、場合によっては「ビジネスモデル」や「イノベーション」という用語の意味があやふやで、ＤＸという用語そのものへの理解が追いつかない可能性があります。

ですので、このステップで用語の定義を説明する際には、できるだけ専門用語を使わないようにしましょう。

なお、その用語が文脈によって変わるのであれば、それも併せて説明すると親切です。例えば、広告業界で用いる場合の「コンセプト」という用語を説明する場合、次のような説明になります。

> コンセプトとは、日本語に訳すと「概念」という意味ですが、広告業界では、広告表現における根本の考え方や判断軸となるテーマのことを指しています。

KOLE

○○ Step 2　つなげる（Link）

このステップでは、用語そのものの意義（理由や目的）や周辺知識を説明します。名詞の場合は「○○を作る」や「○○を身につける」として、「なぜ、○○が必要なのか？」を説明します。Step1の「定義」は、どうしても抽象的になりやすいためです。先の「DX」を例に説明しましょう。

（Step1）「DX」とは、デジタル・トランスフォーメーションの略称で、デジタル技術の浸透が、人々の生活をあらゆる面でより良い方向に変革させるという考え方です。

（Step2）DXを推し進める理由として、デジタル市場の拡大に伴い蓄積している膨大なデータの未活用、さらにテクノロジーの急発展に伴うIT人材の不足などが挙げられます。

ポイントは、このステップにおける説明は、一言二言程度で済ませることです。説明できる時間にもよりますが、説明をコンパクトにしたい場合や、時間がタイトな場合にはカットしてしまってもOKです。

なお、このステップの「目的」というのは、「用語」そのものの意義などであり、「第一部　基本編　Step3（Purpose）」でお話しした「説明を聴くこと自体の目的」とは異なるものですのでご注意くださいね。

例えば、前述した「DX」では、

> DXを進める目的は、これまでの価値観や枠組みを根底から見直し、そこに革新をもたらすことです。

このような説明をします。

KOLE

Step 3　具体化、事例を示す（Embodiment, Example）

このステップでは、聴き手にその用語をしっかり理解してもらうために、具体的な情報を示します。先の「DX」を例に説明しましょう。


（Step 1）〝DX〟とは、デジタル・トランスフォーメーションの略称で、デジタル技術の浸透が、人々の生活をあらゆる面でより良い方向に変革させるという考え方です。

（Step 2）DXを推し進める理由として、デジタル市場の拡大に伴い蓄積している膨大なデータの未活用、さらにテクノロジーの急発展に伴うIT人材の不足などが挙げられます。

（Step 3）例えば、日本交通は、過去の乗車履歴に加え、現在開催しているイベントの情報や気象情報、鉄道の遅延情報などのデータを人工知能が分析し、需要が多い場所を予測する「AIタクシー®」を導入したことで、タクシーの稼働率が大幅に高まりました。

具体化のポイントは、1つの具体例や事例を詳細に説明するよりも、複数の具体例や事例を列挙することです。1つの具体例や事例を詳細に説明すると、聴き手にとってはそちらのほうに理解の意識が向かってしまうためです。

例えば、先の「DX」の説明で、「なぜ日本交通がAIタクシー®を始めたのか？　イベント情報をどのように入手しているのか？　気象情報をどうやって配車に活用しているのか？　etc.」のような詳細を伝えることに説明の時間を割いてしまうと、聴き手の頭の中では「日本交通のAIタクシー®」のようなテーマで理解してしまいます。

そのため、AIタクシー®のケース1つを詳細に語るよりも、医療や農業、物流など、聴き手がイメージしやすい具体例を追加で挙げたほうが聴き手の理解を促すことができます。

また、少し高度なテクニックですが、Outline，Linkを飛ばしていきなり具体例から入るのもありです。例えば、「DX」を説明するときに、次のような具体例から入ります。

「DX」とは、例えば、日本交通は、過去の乗車履歴に加え、現在開催しているイベントの情報や気象情報、鉄道の遅延情報などのデータを人工知能が分析し、需要が多い場所を予測する「AIタクシー®」を導入したことで、タクシーの稼働率が大幅に高まりました。

このような説明でも、聴き手の頭の中に絵が浮かびやすくなり、理解速度は高まります。説明にかかる時間もコンパクトにすることが可能です。

ただし、この説明で気をつけなければならないことが1つあります。

それは、このショートカットした説明は、聴き手の抽象化する能力に依存してしまうことになります。もし聴き手が具体例を抽象化することができなかった場合、その場かぎりの理解になってしまう可能性が出てしまうことです。

先の「DX」のショートカットした説明では、AIタクシー®のケースでは理解できたけれど、それ以外の、例えば医療や農業、物流のケースに当てはめて考えることが聴き手一人ではできないといったことです。

このような場合には、その都度、説明をしなければならなかったり、改めてOutlineに戻って定義を伝えなければならなかったりします。そうなると、結果的に非効率な説明になってしまいます。

具体例から入るショートカットの説明はハイリスク・ハイリターンなので、聴き手がすでに定義を知っていたり、聴き手の抽象化スキルが高かったりする場合のみ使用すればいいでしょう。

KOLE

補足　要点・まとめ

補足として、あなたが説明した用語を聴き手の頭の中に残すコツをご紹介しておきます。そのコツとは、「説明の末尾に、ポイントとしてその用語の要点やまとめ（用語説明の場合はOutlineの定義を噛《か》み砕いた感じ）を一言で添える」です。

このステップは必須ではありませんが、1つの用語を説明するときに3分間（およそ1000文字程度）以上かかるような場合には、説明の最後に要点やまとめを添えることで、聴き手の頭の中が整理整頓され、記憶として定着しやすくなります。いわゆる「精緻化リハーサル」の機会を、こちらで意図的につくるのです。

特に、一方的な口頭での説明は、聴き手の「ワーキングメモリー」を圧迫してしまい、説明内容が定着しにくくなります。このワーキングメモリーとは作業記憶ともいい、同時並行で何かを考え行動するときに必要な短期的な記憶です。

例えば、Aさんのメールに返事をしなくちゃいけないときにBさんから緊急のメールがあり、その内容を理解しようとしながらも、「Aさんへの返信を忘れないようにしないと」などと考えることがワーキングメモリーです。

説明が長くなり、聴き手の頭の中が情報過多になると、ワーキングメモリーが圧迫されます。そして、説明した内容がところてん式に抜け落ちていってしまいます。Bさんへのメールを読んでいる間にAさんへの返信を忘れてしまうといった状態です。

そのため、ところてんの出口に蓋《ふた》をするような感じで、最後に念押しとしてポイントを伝えるのです。

逆に3分以内で済むような説明であれば、くどいと思われる可能性もある

ため、このステップは行わなくてもかまいません。くれぐれも、蛇足にならないように注意してくださいね。

いかがだったでしょうか？　IKPOLET法の全ステップを踏むことにハードルを感じていたとしても、KOLE法であれば実践できそうではないでしょうか？

繰り返しになりますが、説明とは聴き手のためにあるものです。ですので、例えば、Step2とStep3は入れ替えたり、Step3のボリュームを調整したり、聴き手に合わせてチューニングをしてみてください。

KOLE

プロが使っている説明の極意

ここからは、知的な説明を実践している人が身につけている、とっておきのテクニックである「3つの極意」を紹介します。

ここで紹介する極意というのは、「難しい内容を学習させることができる説明」を実践している、いわゆるベテラン教師や熟練のプロ講師など、教えることを生業《なりわい》としている人たちがもっているテクニックです。

この3つの極意とは、具体的には次のものです。

極意1 バックワード・デザイン（逆向き設計）

極意2 メンタルバリア・ブレイク（心理的壁の破壊）

極意3 比喩

これらの中にはやや高度なテクニックや少し過激なものもあるのですが、どれか1つでも身につけることができれば、これまでのあなたの説明スキルにさらに磨きがかかること間違いなしです。

もし、「自分にはまだ早いかな……」と思う方は、IKPOLET法で十分高い価値の説明はできますので、まずは第1部Step7までをしっかりと身につけることを最優先にしてください。

それが十分に身についてきたなと思ったタイミングでこちらを読んでもらえたらと思います。

それでは、3つの極意を1つずつみていきましょう。

KOLE

極意1　～バックワード・デザイン（逆向き設計）～

相手にしっかりわかってもらう説明ができる人は、説明のデザインがとても上手いのです。このデザインというのは、何をどんな順番で説明していくかという設計図のことです。

「まずはじめに○○を話して、次にこの××を話して……、最後はこうやって締《し》めよう」――できる人というのは、そんなデザイン力に優れています。

このときの説明のデザインのコツは、常にゴールから逆算して行うのです。

「相手にどうなってもらいたいか？」という成果、つまり説明後のゴールか

ら逆算しながらデザインをするということです。いわゆる「成果焦点型」の説明です。

これをバックワード・デザイン（逆向き設計）といいます。

このバックワード・デザインの説明ノウハウは、米国ニュージャージー州にある団体「真正の教育」の代表であるグラント・ウィギンズとメリーランド評価連合の会長を務めたジェイ・マクタイ（McTighe, J., & Wiggins, G. 2004）からヒントを得ています。

もう少し詳しく説明しますと、「聴き手にどんな能力を身につけてほしいのか？」をまず明確にし、そこから逆算して説明内容や話す順序を決めていくのです。

相手に深くわかってもらった結果、その相手がどういう能力を身につけた状態がベストなのかを想定してから説明のプロセスを考えるということ。

大切なのは、**説明の前後で、相手にどんな変化を起こすことが必要なのかを徹底的に考え抜く**ことです。

受験指導では、聴き手である生徒が、入試の問題を解けるようになることがやはり最優先です。生徒は「第一志望校合格」でとびっきりの笑顔をみせてくれます。

そんな生徒の笑顔をみるためには、私の説明で生徒の問題解答力がアップすることが必要条件なのです。

話し手がどんなにレベルの高い内容を話したつもりでも、相手の頭の中に新たな知識構造ができないと説明の価値はやっぱりないのです。**価値ある説明は、相手に〝学習〟という名の変化を起こさなければならない**のです。

しっかりわかってもらう説明は、そのデザインで9割方決まってしまうといっても過言ではありません。

なお、残りの1割は、説明しながら相手にあわせて臨機応変にデザインを変更するクリエイティビティです。このクリエイティビティは、残念ながら場数を踏むことでしか培われないと私は考えています。

教師教育学で「即興性《そっきょうせい》」と呼ばれるものの1つです。

クリエイティビティというのは、準備なしに「どうにかなるかなぁ」のような、その場しのぎから生まれるものではありません。くれぐれも説明のデザインを入念に行うことはルーティンにしてくださいね。

KOLE

極意2 ～メンタルバリア・ブレイク（心理的壁の破壊）～

このテクニック、ちょっとトレーニングすれば、すぐにできるようになるから！

こんなふうに言われたら、「なんかできそうかも！」って思ってしまいませんか？

このような心理的な壁を壊すのが「メンタルバリア・ブレイク」です。

説明が上手い人は、相手が抱いているメンタルバリアをブレイクする（心の壁を壊す）のが非常に上手いのです。

このメンタルバリア・ブレイクをした上で説明をするのと、それをしなかった場合とを比べてみると、相手の反応や理解度、さらにはその場の空気感までもが格段に変わります。

具体的には、次の2つを行っていきます。

①心理的なハードルを下げる

②相手を否定しない

まず、①の「心理的なハードルを下げる」ですが、要は「自分にもできそう！」――相手にそう思わせるのです。

たとえば、**相手と似たような境遇の人の成功体験を示したり、作業の手順を分割したり（これをスモールステップの原理といいます）**します。そうすると、相手の心理的なハードルがグッと下がります。**「自分にもできるかも！」**

という意識が芽生えてくるのです。

たとえば、私の場合、東大を志望しているクラスの生徒たちにこう話すようにしています。

> 去年在籍していたAくんは、高校3年生になるまでまったく勉強せず、高3の4月の時点で偏差値45くらいだったんだ。でもそこから一念発起して、これからキミたちに伝える学習法で受験勉強を進めていったんだ。その結果、E判定から現役で東大に合格することができたんだよ。だから、今の学力は関係ない。今の偏差値じゃ自分は受からない――そんな思い込みは捨てよう！

この発言は思わせぶりでもなんでもありません。

実際に、正しい学習法で適切な教材を使い、必要な学習時間を確保すれば、人の学力は必ず上がります。戦略的にアプローチすれば東大でも合格できます。それは、これまでの私の生徒たちが証明してきてくれたことです。

このような話をすると、初めは自信がなかった生徒でも、「私でも東大受かるかも！」「オレも合格できるかも♪」――そういう意識に変わっていき、その先の説明を受け入れてくれやすくなるのです。

続いての②は、「相手を否定しない」です。

これは、「キミの考えは間違っているよ」「これを知っていないとヤバい」のような、**相手を否定するような言葉は極力使わない**ということです。特に、自分と相手との信頼関係がまだあまりできていないのなら、なおさらです。下手な警戒心や拒絶感を説明前に植えつけては元も子もありません。

もちろん、実際には説明する人のキャラクターにもよりますし、状況によって多少変わってくることはあります。

それでも、**自分を否定されながら説明を聴いて喜ぶ人はいません**。

昔、生徒の授業アンケートで、「説教くさい」「自分の考えを押しつけ過ぎ」「先生の言葉が厳しくて精神的にきつい」などといった手厳しいコメントをもらったことがあります。

私自身はそんなつもりはなかったのですが、**それでも説明というものは、相手にどう受け取られるかでその価値が決まってしまいます。**

そんな経験を戒《いまし》めとして、生徒のメンタルバリア・ブレイクのために、自分の発する言葉を洗いざらい見直して、少しずつ変えることにしたのです。

たとえば「キミの考えは間違っているよ」は、「キミの考え方も一理あるけど」に変え、「これを知っていないとヤバい」は、「これを知らないのなら、今ここで知ればいいだけだから」と変えました。

こういった**些細《ささい》な気遣いで、相手の自己肯定感を守ることができる**のです。

KOLE

極意3 ～比喩～

私の大好きな言葉で「比喩を極めた者は、世界のほとんどを知ることになる」というものがあります。

比喩は、理解を加速度的に高めてくれるとっておきの武器です。

その比喩を使いこなす能力（以下、比喩力）こそが、しっかりわかってもらう説明の中で最も優れている極意であると確信をもって言えます。

そして、実際に説明がうまい人は、みなこの比喩力に長《た》けているのです。

先日、株式会社リンクアンドモチベーションの小笹芳央代表取締役会長の講演を拝聴《はいちょう》したのですが、「モチベーションエンジニアリング」という、私にとってはあまり馴染《なじ》みのない内容でした。

しかし、「モチベーション特性のアタックとレシーブ」「組織の血流」「抽象のハシゴ」など数多くの比喩で説明していただき、非常にわかりやすかったことに感銘を受けたものです。

そもそも比喩とは「説明をわかりやすくするために、類似した例や形容を用いて表現すること」という意味です。

比喩は、難易度の高い内容をしっかりわかってもらうための強力な武器になるのです。

比喩自体は、学術研究もされているほどのテーマなのですが、ここでは、私が経験したものの中で、効果抜群だったノウハウを、事例を交えてお話ししていきますね。

また、テクニックをできるかぎり身につけやすくするために、ここでは比喩を〝比べる〟と〝喩《たと》える〟にわけて説明します。

本来、この2つは完全に切り離せるものではないのですが、理解を最優先するため、あえてわけてみていくことにします。

［喩える］

本書でいう〝喩える〟とは、文学作品によくみられる芸術的な表現ではありません。

あくまで説明する内容を深くわかってもらうための表現テクニックです。

私がよく使うテクニックは、次の2つです。

① 聴き手が高確率で知っている知識を利用した喩え

② 擬人化

です。

本書での〝喩える〟は、シンプルに言うと、「**他の世界から借りてくる**」です。

〝他の世界〟というのは、相手が知っている世界だと考えてください。

喩える目的は、相手の頭の中に絵を描くことです。人はまったく知らないことでイメージを湧かせることはできません。ですので、相手がすでにもっている知識や理解の範囲内で使うことが必要です。

ポイントは第1部　基本編　Step2でもお話ししましたが、新しい情報をしっかりわかってもらうためには、相手をプロファイリングして、相手がすでにもっている知識にアプローチする必要があるのです。

しかし、相手のプロファイリングがままならなかったり、相手が複数いたりする場合にはテクニックが必要です。

では、先の①・②の2つのテクニックについて具体的にお話ししていきましょう。

①に関して、私が多用するのは「動物」と「スポーツ」です。

マイナーな動物やスポーツを使わないかぎり、この**「動物」と「スポーツ」は国を問わず世界中で使うことができる喩えの宝庫**です。

たとえば、化学でよく登場する「硫酸《りゅうさん》」という物質があります。この硫酸が酸の中でどれくらい強力なのか、ということを説明する場合を想定します。このとき、

硫酸という物質は、動物の世界でいうライオンだよ。

こう表現したほうが、硫酸の強さがイメージできるのではないでしょうか？　酸の世界では、硫酸は最強クラスということがわかりますよね。

また、ベストセラー『お金2・0』（佐藤航陽著　幻冬舎）でもありましたが、

冒頭でお金のとらえ方の変遷を野球とサッカーというスポーツを使って喩えていました。私も講義では、

> 質量保存の法則と質量作用の法則は、両方とも質量と法則が名称に入っているけど野球とサッカーくらい違うんだ。野球とサッカーだって、ボールを使うところは同じだけれど、ルールは全然違うでしょ？
> それと同じで、名称が似ているからといって、その法則の中身が似ているとは限らないんだ。

このようにさりげなくスポーツの喩えを説明の中に入れていきます。

続いては、②の「擬人化《ぎじんか》」です。

このテクニックの**もっとも優れている点は、相手の頭の中に映像とストーリーを同時にイメージしやすくする**ということです。

たとえば、私の大学時代に研究テーマで扱っていた「酵素《こうそ》」を説明してみますね。

この酵素という言葉自体は、テレビCMで「酵素パワー」といったようなフレーズで聞いたことがある人もいるのではないでしょうか。

実は、私たちの体の中で起こっている化学反応のほとんどを、この酵素が支配しているといっても過言ではありません。

人の生命活動は酵素による反応で維持されているのです。そして、この酵素の反応というものは、そのほとんどが何段階かにわかれて進んでいきます。

そのときの反応全体のスピードは、律速段階《りつそくだんかい》（もっとも遅い反応）で決まります。

このような説明をしても、おそらくほとんどの方が、酵素反応の律速段階はよく理解できないと思います。ですので、この律速段階の意味をわかってもらう説明を、擬人化を用いてやってみます。

［説明例］

あなた、お父さん、お母さん、おばあちゃんの4人で散歩をするときに、この家族の散歩のスピードは、おばあちゃんの歩く速さで決まりますよね？　このおばあちゃんが律速段階です。

この4人の中では、おばあちゃんの歩く速度がもっとも遅いはずです。そうすると、家族全体の散歩の速度は、自ずとおばあちゃんの歩く速度になってしまいます。このように、全体の速度を決めてしまうおばあちゃんが「律速段階」なのです。

また、**擬人化の優れている点としては、ストーリー性をもたせることが比較的容易になる**ことです。そして、**ストーリー性をもたせることで、長期記憶にエピソード記憶として残りやすくしている**のです。

なお、**喩えを用いる場合、私は「1テーマに喩えは最大1つ」をルールに**

しています。

なぜなら、喩えを増やしすぎると逆に混乱を招くことがあるからです。

たとえば、先ほど登場した硫酸に加えて、酢の中に入っている酢酸、胃酸の主成分である塩酸など、いくつかの酸の強さの序列を説明しようとしたときのことです。アニメのドラゴンボール（サイヤ人の戦闘力）やテレビゲームのドラゴンクエスト（モンスターのレベル）、さらにはＡＫＢ48（総選挙の結果）などを同時に比喩として放り込んだことがありました。

より多くの生徒にわかってもらおうと、いろいろな喩えを入れてみたのですが、わかる子にしかわかってもらえず、逆にそれがノイズになって失敗したのです。

相手のほぼ全員が知っている1つの喩えを入れた説明のほうが、結果的に効率よくわかってもらえます。絶対にわかってもらいたいテーマに絞って喩えを入れていくことをお勧めします。

あなたの専門をわかりやすく説明するための**鉄板《てっぱん》の喩えを1つ磨き上げておく**ことのほうが大切です。

私の指導教科である「化学」であれば、勉強し始めの高校1年生に説明する際、

化学って、小さな粒同士の出会いと別れのラブストーリーなんです。

このようなカンジで喩えます（これは一応、擬人化です）。

自分が陳腐《ちんぷ》だと思うような表現でも、相手は意外と楽しみながら理解してくれるものです。

[比べる]

最後は〝比べる〟をみていきます。

この〝比べる〟は、3つのレベルにわけてみていくことにします。

Level 1 基本編

この説明のベースにある考え方は、**人は基準がないと理解できない**ということです。

たとえば本書の重さについて、「この本は軽いから持ち運びしやすいですよ」――そう説明されても、どれくらい軽いかという感じ方は、年齢や性別によって違ってくるはずですよね。大人にとって軽くても、子どもにとっては重いかもしれません。

人は、「絶対」よりも「相対」のほうがわかりやすい生き物なのです。

「相対」というのは、たとえば、「本書は辞書よりは軽いが、コミック本よりは重い」――このように何かと比べる考え方です。

相手は何かと比べて初めて理解できるのです。だからこそ、**説明の中に基準値を示す**必要があります。

数値を用いて、「この本の重さは172gです」という説明ももちろんあるのですが、やはり**基準値として、デファクトスタンダード（事実上の標準）値を利用したほうが、より効果的**です。

たとえば本書（文庫版）を読んでくださっている方にとってのデファクトスタンダードは、おそらく新書や単行本だと思います。ですので、

この本は単行本よりは軽くて、新書と同じくらいの重さだよ。

このように説明すると、数値を用いずに本書の重さのイメージが湧いてきます。

大切なことは、**相手にわかるデファクトスタンダードを用いて比べる**ことです。

また、デファクトスタンダードを使って、数値のイメージを湧かせる方法もあります。

たとえば、最近テレビニュースでもよく取り上げられているLGBT（レズビアン・ゲイ・バイセクシュアル・トランスジェンダーというそれぞれの英語の頭文字からとったセクシュアルマイノリティの総称）の比率は、日本の総人口の約8・9％らしいのですが（電通ダイバーシティ・ラボ「LGBT調査2018」）、この数値は日本人のAB型の人の割合（約10％）とかなり近い値です。

日本人のおよそ11人に1人がLGBTの方となりますが、AB型の人の比率をデファクトスタンダードとして用いることで、LGBTの方たちの数の多さをイメージしやすくなります。

また、「特例」を説明したい場合のお話をしておきます。この手の説明では、**まず「フツー」を説明してから話すと、その特例を際立たせることができます。**

たとえば、出版業界を例にお話ししてみましょう。

私も携《たずさ》わっている学習参考書の分野では4000部ほど売れたら「フッー」で、1万部も売れたらベストセラーといわれます。そのため、学習参考書で10万部売れようものなら大ベストセラーになります。

ただ、10万部って、学習参考書では「特例」となる部数ですが、雑誌の世界ではよくある部数ですよね。つまり、**この世界ではこれが「フッー」というものを伝えてからでないと、「特例」の理解が鈍くなってしまう**のです。

Level 2 標準編 ～サイズ感の変更～

次のレベルは、「サイズ感」を変えて説明するというテクニックです。

ここでいうサイズ感の変更とは、説明したいものの長さ、重さ、時間などを、相手がわかりやすいサイズに変更して説明していくというものです。

サイズ感を変えるときには、サイズダウンとサイズアップの2通りがあります。さらにサイズダウンには「圧縮」と「分割」、サイズアップには「伸長」と「集合」のそれぞれ2通りがあります（左図）。

まずはサイズダウンの「圧縮」からみていきましょう。

『世界がもし１００人の村だったら』（マガジンハウス）という本は、世界人口63億人（当時）を１００人に縮めた村を仮定し、世界の現状をわかりやすく語っているものです。

たとえば、この１００人の村では「30人が子どもで、70人が大人です。そのうち、７人がお年寄りです」とあります。これを単に「18億９０００万人が子どもで、44億１０００万人が大人です。そのうち、４億４０００万人がお年寄りです」と説明されてもピンとこないと思います。

つまり、「億人」のままでは私たちにはピンとこないため、１００人に圧縮することでイメージしや

- サイズ感の変更
  - サイズダウン
    - 圧縮
    - 分割
  - サイズアップ
    - 伸長
    - 集合

すい数にして説明しているのです。

なお、パーセント（％）という比率でみることができるというのも100人に圧縮した理由の1つでしょう。


続いて、サイズダウンの「分割」をみていきます。

たとえば、テレビ番組などの説明でもよく使われるのが、東京ドームでしょう。手垢《てあか》のついた表現ではありますが、いまだに使われていますよね。

広い敷地を実際の面積で説明するよりも、

ここは、東京ドーム○個分の広さです。


このような説明のほうが〝広い〟ということは伝わります。

これは、東京ドーム1個あたりの面積（およそ0・047㎢）を、先ほどお話ししたデファクトスタンダードとして考えている説明です。

たとえば、説明したい場所の面積を10㎢とした場合、その広さをイメージしてもらうために、10÷0・047の計算をします。

その結果、東京ドームのおよそ200（正確には213）個分の広さだよ──こう説明するだけで相手はグッとイメージしやすくなります。

実際に東京ドームの面積を知っているかどうかは別にして、「東京ドームって、だいたいあれくらいの広さだったよなー」と思ってもらえればそれでデファクトスタンダードとしては十分役割を果たしたといえます。

このように、「マクロ（大きいもの）→ミクロ（小さいもの）」へと分割してあげることで、かなりわかりやすい説明になります。

イメージの湧かない大きな数値（マクロ）は、何か（デファクトスタンダード）で割って小さい値（ミクロ）にするクセをもつことです（次頁図）。

そのためにも、面積であれば東京ドームのような、**割る用の値（分母となるもの）として、説明する内容ごとにデファクトスタンダードをもっておくとよい**でしょう。

とてつもなく長い距離であれば地球1周分（およそ4万km）、身近な重さであれば成人男性1人分（およそ65kg）などがデファクトスタンダードになるでしょうね。

ご自身の専門分野を説明するための相手との架け橋となるデファクトスタンダードはしっかり探しておきましょう。

今度は、2つ目のサイズアップをみていきましょう。

まず、「伸長」からみていきます。これは、**小さくてわかりにくいものを説明するときに有効**です。

私は普段、化学の講義で原子や分子という、とても小さい粒子を扱っているので、原子や分子をピンポン球や野球ボールの大きさに引き伸ばして説明することがあります。

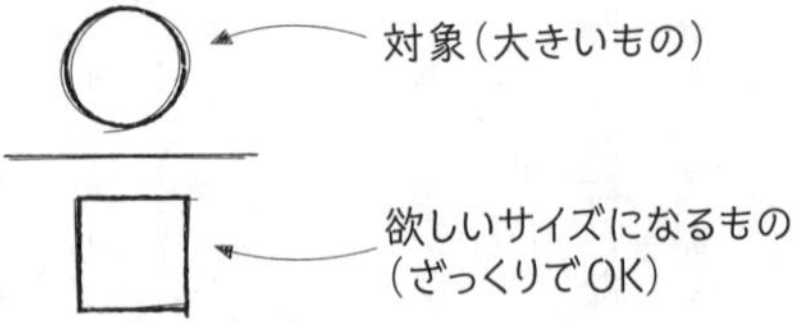

たとえば、原子を構成する粒子として原子核と電子を説明するとき、

原子核の周りを電子が回っているんだけど、その距離感って、東京ドームの中心にビー玉を置いて、東京ドームの周りを電子が回ってる感じです。だから、原子というのはスカスカの構造なんです。

このように、**とてつもなく小さいもの（原子）を伸長させて身近な大きさのもの（ビー玉）にして説明してあげることで、聴き手の頭の中でその距離感のイメージが湧きやすくなる**のです。

この「伸長」はかなり使えるテクニックなので、もう少し具体的にみていきましょうか。

たとえば、「アリの力ってどれくらいスゴいのだろうか？」――このテーマを説明する場合を考えてみます。

実は、昆虫の中でも大変興味深い生態をもつのがアリなんです。そんなアリに私が興味をもったのは、5歳くらいのときです。

家の近くでみつけたアリの行列を、しばらくの間ずっと眺めていたことがありました。

「どこまでいくんだろう?」「なんのために行列をつくっているんだろう?」——そんなふうに思いながらアリの行列を凝視していたとき、なんと1匹のアリが自分自身の何倍もの大きさのエサを運んでいるではありませんか(上図)。「なんて力持ちの生き物なんだ!」と、心の底から感銘《かんめい》を受けたのを今でも覚えています。

もし、アリが実際にヒトほどの大きさだった場合、いったいどれくらいの力があるのか? たとえば、アリのパワーのスゴさを、

カブトムシは自分の体重の20倍以上のものを引きずることができるんだ。アリもそれと同じくらいのパワーをもっているんだよ(左図)。

このように説明したらどうでしょうか？

カブトムシが昆虫の中の力持ち代表だったとしても、やっぱり私たち人に比べたら弱いものです。

つまり、アリのパワーのスゴさを理解するためには、アリをそのままの大きさで昆虫同士で比べ合ってもよくわからないのです。**ミクロなものをミクロな世界の大きさのまま比較しても理解できません。**

これをクリアするためのとっておきの方法があります。それが「伸長」です。

すべてのものを私たち人間のサイズに引き伸ばして比べるのです（必要があれば「圧縮」もします）。たとえば体重5mgのアリが、自分の体重の20倍の重さの角砂糖、つまり、5［mg］×20＝100［mg］＝0・1［g］の角砂糖を引きずることができるとしましょう。

これを体重60kgの成人男性に変換してみると、60［kg］×20＝1200［kg］＝1・2［t］の重さのものを運べるという計算になります。

つまり、「体重5mgのアリが0・1gの角砂糖を運んでいる力というのは、体重60kgの人が1・2tのトラックを引いている力と同じくらいのパワーだよ」というような説明をすることができます（下図）。

もちろん小学生などの場合、1・2tのトラックがピンとこないこともあるでしょう。

そんなときは、「スーパーやコンビニで売っている2Lのペットボトル（2kg）を600本引きずることのできるパワーだよ」としてあげれば、小学生にもイメージしやすい比較になるはずです（左図）。

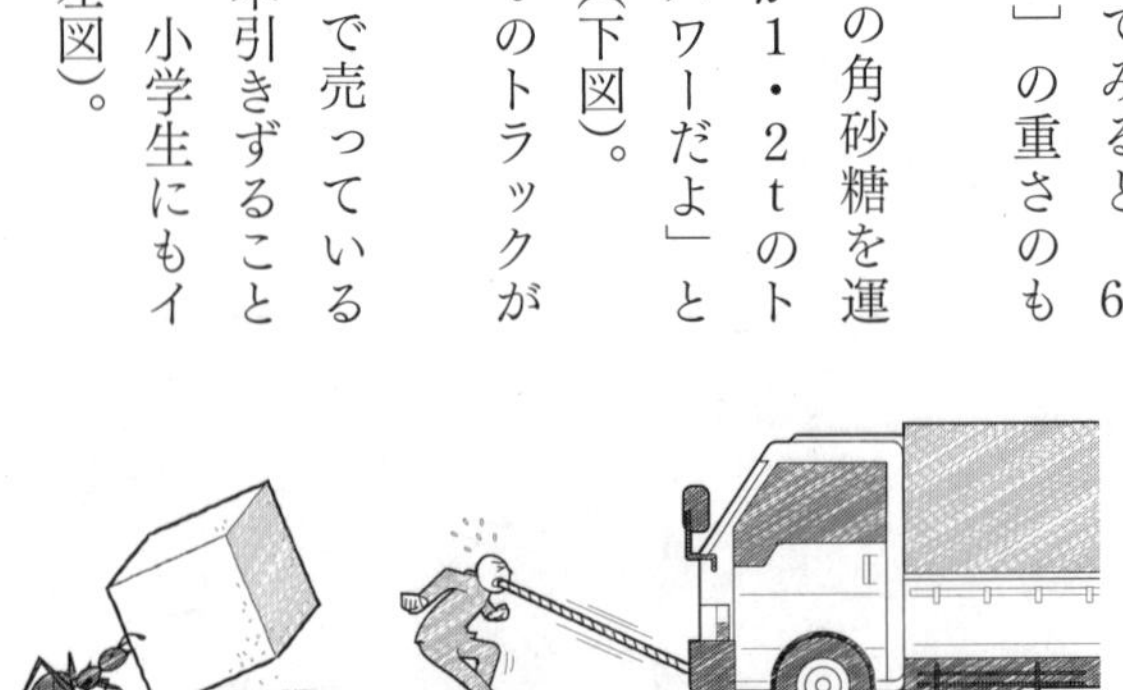

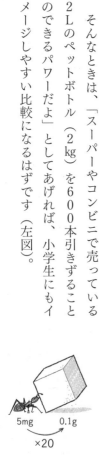

厳密に言うと、重力の兼ね合いとかもあるので、伸長させてアリと人の力の大きさを単純に比べることはできません。

ただ、**対象（アリ）のサイズを人間サイズに伸長させ（今回の単位は重さ）、その上で「20倍」という具体的な数値で説明していくことが大切**なのです。

最後は、サイズアップの「集合」です。

これは、「マクロ→ミクロ」という「分割」の正反対のアプローチで、「ミクロ→マクロ」にまとめてあげることでイメージが湧きやすくなる場合です。

わかりやすい説明ができる人の特徴として、**「ミクロ」をしっかりわかってもらいたいタイミングで、「マクロ」にまとまったときのことを想定して話します。**

あるいは、**しっかりわかってもらいたい「マクロ」を**

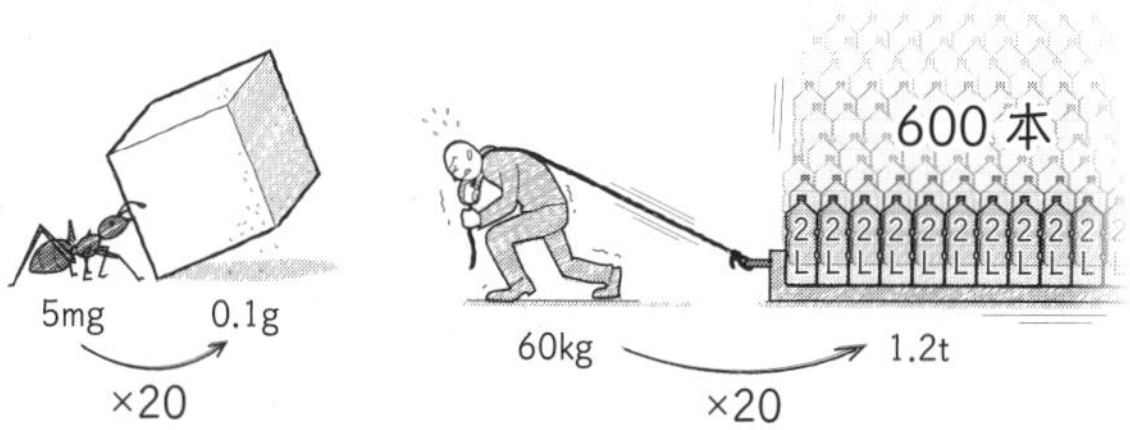

デザインしてから、「ミクロ」にアプローチしたりすることがあります。経済学なんかがいい例でしょうね。

私も独学ですが、経済学をひと通り学びました。そこで感じたことは、ミクロ経済学を理解しただけではマクロ経済学は深くはわからないということです。

ミクロの集合体がマクロであるなら、ミクロの理解でマクロも十分理解できると思っていたのですが、やはり別の視点が必要なのですね。ミクロ経済からでは予測できないマクロ経済が存在する。実は、これに似たことが化学の世界でもあるんです。

小さな粒子1つを取っても、それが大きな塊になったとき、粒子1つからは予想できないことが多発します。

たとえば、二酸化炭素CO_2分子が集まってドライアイスになるのですが、そのドライアイスの性質はCO_2分子1つをずっと眺めていてもわからないことだらけです。

つまり、**表面上の理解だけでは、「ミクロ」が集まって「マクロ」になったときにどんなことが起こるのか想像できない**のです。

個人（ミクロ）と集団（マクロ）では別の視点での理解や解釈が必要となる人間社会のように、「ミクロ」が「マクロ」になったときに理解の観点が異なることがあるのです。

それを説明の中に適宜盛り込んでいくのです。

Level 3 応用編 ～軸の変更～

それでは、いよいよ最後のレベルです。

最後のレベルは、説明の「軸を変える」というものです。

ここでいう軸とは「着眼点」のことです。この着眼点と、Level 2のサイズ感を同時に変えて説明できるようになると、相手は深くわかってくれるようになります。

このLevel3のテクニックが自由自在に扱えるとしたら、どんなに難しい内容でも、たとえ相手のもっている知識が少なかったとしても、ほぼ9割方しっかりわかってくれるでしょう。

なぜなら、**軸とサイズ感を変えたら、相手が理解できる世界の中だけで必ず説明ができるようになる**からです。

まず、この「軸」と「サイズ感」の変更のメカニズムをお話ししておきますね。

下の図は、私が「説明表現マトリクス」と呼んでいるものです。

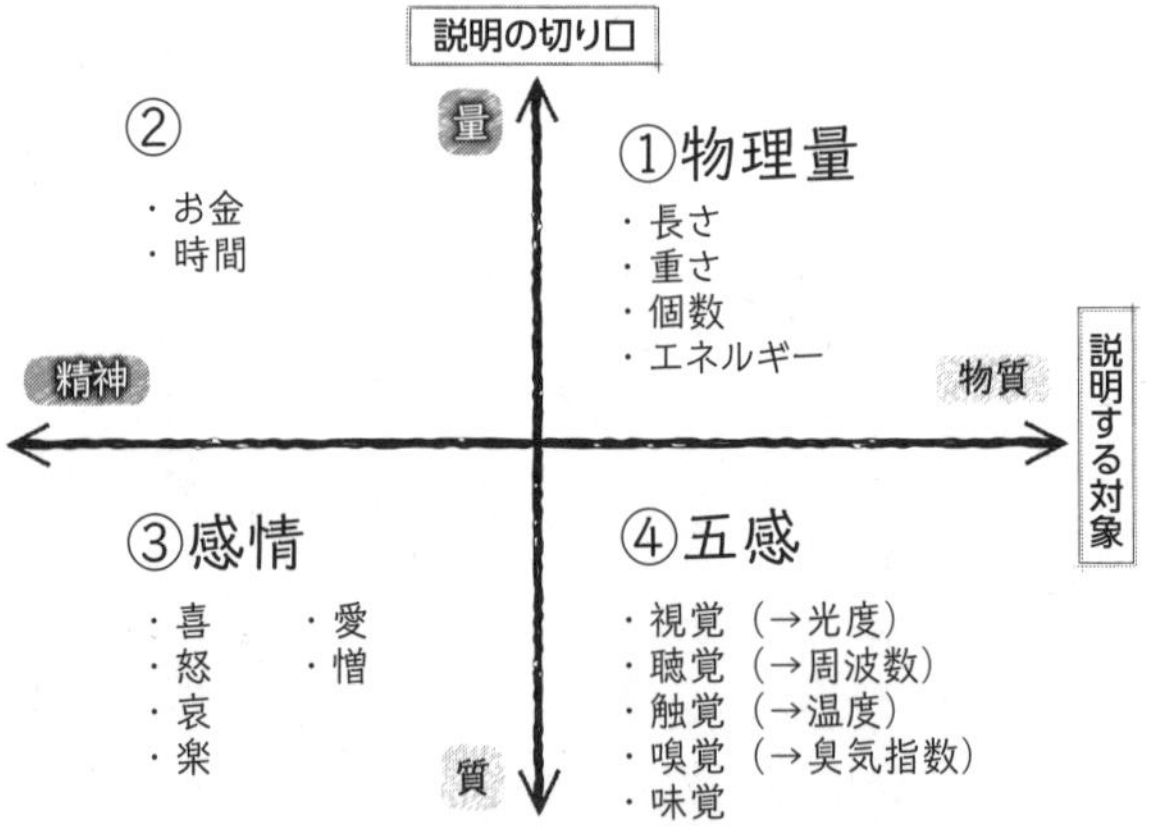

横軸が「説明する対象（物質or精神）」で、縦軸が「説明の切り口（量or質）」です。

私が何かの説明をするときに、この説明表現マトリクスを頭に思い浮かべながら表現方法を決めています。

この説明表現マトリクスを使って、高校化学での解説を試みてみますね。化学が苦手だった方にも深く理解してもらえると幸いです。

たとえば、高校の化学で登場する比較的有名な「モル（mol）」というものを、今回はしっかり理解してもらいたいと思います。これを以下の手順で説明します。

手順1 軸の決定

⇩対象は「モル」であり、これは物質の「個数」についての概念である（つまり、象限①から説明がスタート）。

手順2 サイズ感を選択する。必要に応じて、軸を移して別の象限へつなげる。

⇩イメージが伝わりにくい場合、別の概念で説明する。

この手順に従うと、たとえば「モル」について以下のような3通りの説明ができますね。

パターンⅠ 同じ象限(①)の中の「個数」という概念のままで、日常に用いるサイズ感に「圧縮」して説明する(サイズ感の変更のみ)。

【説明1】

1ダース＝12個のように、「ダース」は「個数」の括りを表している。

これと同じで、

1モル＝6×10^{23}個のように、「モル」も「個数」の括りを表している。

パターン2 象限（①）の中の「個数」の概念のままで、粒子の大きさのサイズ感を「伸長」する（原子→米粒）。さらに距離をサイズダウンした「分割」も行い、同じ象限（①）の中の「長さ」の概念で説明する（サイズ感の変更のみ）。

[説明2]

「1モル＝6×10^{23}個」だけではイメージが湧きにくいと思います。

ですので、1モル（＝6×10^{23}個）の米粒を地面から積み重ねたら、どこまで届くかを考えてみます。

[計算式]

地球と太陽を1往復するときの距離は、

149,600,000 × 2 ＝ 299,200,000 km ＝ 299,200,000,000m

＝ 299,200,000,000,000 mm

およそ 3×10^{14} mmとなります。

また、1モル(＝ 6×10^{23} 個)の米粒(直径5 mm)の長さの合計は、

$6 \times 10^{23} \times 5$ mm ＝ 3×10^{24} mm

よって、この数の米粒で、地球と太陽を往復できる回数は、

$3 \times 10^{24} \div (3 \times 10^{14}) = 1 \times 10^{10}$ 往復

（およそ10,000,000,000往復）

地球から太陽までの距離（＝1億4960万㎞）の2倍の長さ、つまり1往復の距離と、米粒の直径（＝5㎜）を使って計算してみますね。

地面から米粒を重ねて、太陽まで届いたら、太陽からまた積み重ねて戻ってくることを考えると、結果は、およそ100億往復できる計算です（計算式は前頁下）。

この計算で、1モル＝6×10^{23}個がとてつもない大きさの数だということはイメージできませんか？

ちなみに、私たちの身の回りの物質は、1億分の1㎝程度の大きさしかない原子や分子などの粒子からつくられているんです。

そのため、私たちの身の回りの物質には、膨大な数の原子や分子が含まれているのです。

たとえば、100gほどの鉄製のコップの中にはおよそ1×10^{24}個の鉄の原子が入っています。

このまま鉄原子の数を考えるのはとても面倒なので、およそ2モルの鉄原子が入っていると考えたほうが楽じゃないですか？

つまり、原子や分子などの粒子を扱う化学においては、6×10^{23}くらいの数の大きさの〝括り〟が最適なのです。

パターン3 粒子の大きさのサイズ感を変えて（原子→肉まん）、さらに軸を移して「時間」という概念へ（軸とサイズ感の両方を変え、象限①から②へと移動）。

［説明3］

試しに、1モルの肉まんを食べることを考えてみましょう。

つまり、6×10^{23}個の肉まんを食べるのにどれくらいの時間を費やすのかを考えます。

たとえば、ある人が1分間に1個の肉まんを食べるとして、1日16時間食べ続ける（8時間は睡眠時間）とします。これを計算の都合上、世界の総人口60億人でやってみます。

世界の総人口60億人が1分間に1個の肉まんを16時間食べ続けたとしたら、1モルの肉まんをすべて食べ尽くすのにどれだけの時間がかかるのか？

これを実際に計算してみますね（計算式は下）。なんとその計算結果は、およそ3億年です。

それくらい1モルというのは、とてつもなく大きい数の〝括り〟なんです。

[計算式]

16時間＝960分なので、1人あたり1日に食べられる肉まんの個数は、960個。

そして、1年間＝365日なので、1人あたり1年間に食べられる肉まんの個数は、

960 × 365 ＝ 350,400個（およそ35万個）

さらに、60億人＝6,000,000,000人が1年間に食べられる肉まんの個数は、

$350{,}400 \times 6{,}000{,}000{,}000 \fallingdotseq 2 \times 10^{15}$ 個

1モル＝ 6×10^{23} なので、この 6×10^{23} 個の肉まんを食べ尽くすのにかかる年数は、

$6 \times 10^{23} \div (2 \times 10^{15}) = 3 \times 10^{8}$ 年（およそ300,000,000年）

なお、「3億年」という数のイメージが湧きにくいからといって、「人口1兆人で計算する」というような**非現実的な数値を用いて説明しようとすると、かえって混乱を招く可能性が出てきます。**

そのため、**サイズ感の変更における数値選びは、現実に存在する値を選んだほうが無難**です（一応、地球が誕生しておよそ45億年といわれているので、3億年自体は現実に存在する数ですが、まあピンときませんよね。ここではとてつもなく大きい数値だということがわかればそれでOKとしていきます）。

なお、先ほどお話しした**〝比べる〟を用いた説明においては、あくまで同じ象限（今回は象限①）でサイズ感を変えることが基本**です。そのスキルがある程度身についてきたら、軸の変更、つまり別の象限に移して説明することにチャレンジしてみてください。

私の経験上、慣れないうちに軸とサイズ感をいっぺんに変えようとすると、説明している自分の頭が混乱してくることがありますので……。

最後に、別象限に移して説明するテクニックの難点を2つお伝えしておきます。

難点の1つ目は、**相手になんとなくわかったつもりにさせてしまうこと**です。

つまり、薄っぺらな理解で止まってしまうということです。

たとえば、金は金鉱石と電気分解というものから得られるのですが、鹿児島県産の金鉱石1tからおよそ30gの金が得られます。

1gの金を5000円としたとき、「金鉱石1tには15万円相当の金が入っているんだよ」と説明しても、場合によっては「へぇ、そうなんだ」で終わってしまい、それ以上の理解の必要性を相手が感じなくなります。

金の投資家にとっては刺激的な説明かもしれませんが、「お金」という軸へ変更し、**別象限にしてまで説明する必要があるのかは相手の属性によって考えるべき**です。

難点の2つ目が、この別象限に移して説明するテクニックは、**アナロジー**

（類比）的な思考の要素を含んでいるため、相手の感覚からずれた説明になる可能性が高いということです。下手をすると、かえって混乱を招いてしまうということです。

たとえば、先の私の「モル」の説明も、読者の中には理解しにくかった人もいたと思います。それは、その方のせいではなく、私の説明力の限界でもあるのです。

先ほどの「説明3」では、「原子や分子という小さな粒子と肉まんが似た種類の丸い形のもの」、つまり**相手が類比をできているという前提がある**上での説明なのです。ですので、この前提が共有できていなかったら、そこでアウトです。

ただ、このリスクを下げる方法が1つだけあります。それは第一部　基本編　Step2「K」でお話しした、相手の徹底的なプロファイリングです。

比喩表現はプロファイリングによる相手の情報が集まれば集まるほど、より一層精度を高めることができます。

つまり、相手との感覚のズレを最小限に抑えられるのです。

プロファイリングで知り得た相手のレベルや属性などに合わせて、最適な比喩を用いて説明していくと、よりわかりやすい説明になるのです。

肉まんという存在を相手が知っていて、原子や分子という小さな粒子を肉まんに投影できるかどうか、その確認作業が必要ですね。

最後に、この「説明表現マトリクス」を使うときの留意点をお話ししておきます。

それは、私の経験上、**横軸（説明する対象）の縦へのスライド（たとえば象限①→④）や、正反対の事象へのスライド（たとえば象限①→③）で説明しようとすると、イメージが湧きにくくなるリスクが高まります。**なぜなら、**軸の移動は相手のイメージ力の有無に大きく左右される**からです。

そのため、軸の移動は、縦軸（説明の切り口）は変えないで、横へのスライドのみの説明にしておくくらいが、イメージが湧きやすい説明になります。

たとえば象限①→②のスライドとして、「個数→お金」に軸を変更させた場合を考えてみます。先ほどの「1モル」を例に説明してみますね。

【説明4】

1モル円あったとします(単位が2つ続くので本来はありえないのですが、ここは便宜上1モル円＝6×10^{23}円と考えます)。

日本の国家予算をおよそ100兆円（＝1×10^{14}円）とした場合、

$$6\times10^{23}\div(1\times10^{14})=6\times10^{9}\ [年]$$

この計算で、1モル円は60億年分の国家予算をまかなえるということがわかりますね。1モルって、とてつもない数だと思いませんか？

このように、できる人は適宜比喩を使いながら、説明にグッと深みを加えているのです。

オンラインでの説明に強くなる技術

ONLINE

なぜ、オンラインでの説明はオフラインよりも難しいのか

新型コロナウイルス感染症の影響でリモートワークが推進され、オンラインによるコミュニケーションが急増しました。それにより、説明という文脈において、話し手と聴き手には、以下のような問題が生じています。

話し手：聴き手の情報、特に説明中の聴き手のリアクションが得にくい

聴き手：集中力の維持が負担

用いるツールやシステム環境にもよりますが、オンラインでの説明では、話し手が説明している間、聴き手の状況を一望し、聴き手のリアクションに合わせてその都度柔軟に対応していくのが困難となります。また、ついつい一方通行になりがちで、インタラクティブになりにくくなります。

一方、聴き手にとっては、話し手と投影資料の両方を見ながら音声による説明も聞くとなると、集中力の維持が困難となります。

私自身、駿台予備学校時代には、東日本の化学科で最年少でe-Learning用授業の講師として登壇しました。

現在は、大学受験専門予備校である「ワークショップ」や「JUKEN7」といった塾で、オンラインとオフラインを組み合わせたハイブリッド型講義を行う傍ら、社会人向けセミナーや企業研修のおよそ9割をオンラインで行っています。

そこで、ここでは、私のこれまでのオンライン上の説明の経験を踏まえ、「頭のいい説明」、すなわち「難しいことをわかりやすく伝える説明」のオンライン上における効果的な実践方法をお話ししていきます。

ONLINE

相手の「聴く態勢」を整えることから始めよう

オンラインでの説明では、イントロダクションでお話しした「あなたの説明がわかってもらえない「3つの原因」」の1つ目「相手が聴く態勢をとれていない」が、大きな障壁となります。

聴き手は、話し手のいるリアルな場にいないと油断します。画面1つ隔てているだけでその場の臨場感が消えてしまうためです。そして、オンラインでの説明の難しさは聴き手の環境や意識を揃《そろ》えることです。

ですので、ライブ配信（リアルタイムによる説明）と収録配信いずれの場合においても、聴き手が集中力を維持できる態勢や環境をこちらから提案します。

例えば、私がセミナーや研修で行っているのは、PCで視聴する場合には、「スマートフォンなどのそれ以外の端末を手の届く範囲に置かない」、「この講義に関係しないＰＣ上のウインドウは閉じておく」などです。

ライブ配信の際、可能であれば、聴き手が今いる場所や背景、状況を尋ねます。「●●さん、背景を見ると、今は御社の会議室ですか？」「周りの人の声が聞こえるのですが、そこはカフェですか？」このような質問をし、聴き手の現在の状況をできるだけ知るようにします。

また、オフラインと異なり、聴き手は「話し手に自分が見られている」という感覚が持ちにくくなり、集中力が低下してしまいます。ですので、聴き手に顔を見られる設定にしてもらった上で、話し手はできるだけカメラ目線で話すようにします。聴き手に「自分は見られている」という意識を植え付けるのです。こうすることで、聴き手は「自分ごと化」しやすくなり、集中力を維持しやすくなります。

このように、まず、相手の聴く態勢を話し手側でしっかり整えるのです。そこから本題に入っていきましょう。

ONLINE

◦◦オンラインでIKPOLET法を効果的に使うコツ

それでは、本題の説明に入っていくときに、どんなことに気をつければいいのでしょうか?

まず、IKPOLET法全体のことでいうと、IKPOLET法の各Stepの切れ目で聴き手のリアクションを意図的に見ることです。例えば、Outline(大枠を見せる)の説明が終わった直後に、次のような発問をします。

> 今回の話は、この流れで話していきますね。特に、全体の中の〇〇の部分をメインに説明していきますが、よろしいでしょうか?

聴き手に発言してもらう必要はないのですが、頷きやOKサインなどをもらうことで、このStepでの聴き手の理解が追いついていると判断できます。このような確認作業をすべてのStepで行う必要はないのですが、聴き手のリアクションが少しでも見えていないなと思ったら、なるべくこのような発問をすることで聴き手のリアクションを引き出してください。

次に、各Stepでの注意点について、ポイントを絞ってお話ししていきます。

Step1 興味をひく（Interest）

前述しましたが、オンラインでの説明だと、聴き手は「自分ごと化」しにくくなります。そのため、話し手は、この「興味をひく」ステップでは、聴き手のメリットをできるだけ列挙し、かつ、説明をしっかり聴かなかったときのリスクや機会損失も併せて伝えます。オフラインの説明のとき以上に聴き手の動機付けを入念に行うのです。

Step2　聴き手の知識や認識にアクセスする（Knowledge）

オンラインでIKPOLET法を効果的に用いる場合、このStep2がもっとも重要となってきます。

話し手は聴き手のリアクションが得にくいということを前述しましたが、別の言い方をすると、聴き手の理解度などはある程度推測しながら進めていくしかないということです。そのためには推測の精度を高める必要があります。

そして、推測の精度を高めるのに必要不可欠なことが聴き手のプロファイリングです。聴き手の事前情報をできるだけ早い段階で集めます。シチュエーションにもよりますが、オンラインの場合、オフラインと比べ、人数制限がゆるくなり、多人数のケースが増えます。

また、初対面の人の場合、オンラインの会議やプレゼンが始まってからでは雑談などもしにくく、最低限の自己紹介にとどまり、相手の情報が手に入りにくいでしょう。

だからこそ、プロファイリングで、事前に聴き手を徹底的にリサーチするのです。

なお、オンライン上での説明で聴き手の理解度を高めるコツとして、自分が思っているよりも1ランク下のレベルで話すというのがあります。オンライン、すなわち、物理的に話し手と聴き手が分断されると、どうしても話し手だけの世界観が構築されやすくなります。

つまり、感覚的に話し手自身の専門領域に戻りやすくなります。そうすると、専門用語が増えてしまったり、自分が普段使っている業界用語での説明が増えたりする傾向にあります。

ですので、「こんな易しいレベルで話して大丈夫かな？」と思うくらいのレベルで説明していくのがちょうどいいのです。

Step 3　目的を示す（Purpose）

ここでは説明の目的をより具体的に明言化します。あやふやな言葉でさらっと流してしまわず、期日や金額などを入れることで、説明を聴いた後に意思決定をスムーズに行ったり具体的なアクションを取れたりするような言い回しにします。

例えば、「今回のプレゼンでは、新商品の検討がお願いできればと思います」と伝えるのではなく、「今回のプレゼンは、来年4月発売予定の新商品の開発プランの確認と、来月末確定の予算編成《よさんへんせい》を行うためにお話しします」と具体性を持たせて伝えるのがコツです。

Step 4　大枠を見せる（Outline）

聴き手の集中力が途切れやすかったり、聴く負担が増えやすいオンラインの説明において、このステップは大きな助け船となります。説明の要所要所で、全体の流れを確認できるフレーズを伝えることで、聴き手との心の距離をキープすることができます。

「聴き手の集中力が切れてきたなぁ」とか「相手との距離を感じるなぁ」と思ったときは、説明の切りのよいタイミングを見計らって、現在進行系で行っている説明の「大枠」を示すのです。

例えば、「今日の話は、全体が3部構成となっていますが、今お話ししたところまでが第2部です。続いては第3部に移っていきますが、ここまでよろしいでしょうか？」

このように、「全体」と「部分」を明示しながら要所要所に挿し込んでいくことで、置いてけぼりになりそうだった聴き手の頭の中を整理整頓でき、聴き手の集中力が回復しやすくなるのです。

Step5 つなげる（Link）

このステップは情報量が大幅に増える可能性のある手順で、ともすればくどい説明になり、「一方通行」が生まれやすくなります。特に、タイプ2「A

のしくみはBである〝メカニズム〟」とタイプ4「外堀を埋める〝周辺知識〟」は、説明の内容が深入りしてディープ気味になったり、話が脇道に逸れやすくなったりします。

そのため、このステップでの説明は、聴き手の理解を損なわない程度で必要最低限にとどめます。

Step6 具体化、事例、証拠を示す（Embodiment, Example, Evidence）

Step5と同様、情報量が増えて一方通行になりやすい原因がこのステップです。ここでは、聴き手を飽きさせないような工夫が必要です。

例えば、事例を3分間話す場合、1つの事例を3分間しっかり話すよりも、3つの事例を1分間ずつ計3分間話したほうが、聴き手の飽きを防ぐことができますし、説明にテンポも生まれます。

もちろん、この手法はオフラインでも効果的ですが、聴き手の集中力が切れやすいオンラインでの説明で威力を発揮します。

Step 7 転移（Transfer）

本講の冒頭でお話ししたように、オフラインに比べてオンラインのほうが、聴き手の集中力を必要とします。オフラインほどの余力が聴き手にはないということでもあります。

そのため、最後のステップで、「他の場面でも使える」と説明されても、理解に努める優先順位はどうしても下がってしまいます。ですので、この「転移」のステップは多くても時間換算で全体の5％以内に収めるか、必要性がそこまで高くない場合には全カットしてしまっても良いでしょう。例えば、10分間の説明であれば、目安は30秒ほど。つまり一言二言ほどで十分です。

それほどオンラインでの説明は、話し手が思っている以上に聴き手の集中力や学ぶ態勢に大きな負担がかかります。こういったことを考慮した上でIKPOLET法を効果的に使っていきましょう。

ONLINE

バックワード・デザインで聴き手の負担を減らす

それでは、第3部の最後に、オンラインでの説明スキルを高めるコツとして、第2部　応用編の極意1「バックワード・デザイン」の効率的な使い方についてお話ししていきます。

バックワード・デザインとは、聴き手の成果といった「説明のゴール」から逆算して説明をデザインする方法でした。

このバックワード・デザインを用いるコツは、**聴き手にあれもこれも身につけさせようと考えるのではなく、オフラインでの説明よりも成果を絞り切ること**です。聴き手にどんな能力を身につけてもらいたいかを考えるときに、身につけるべき能力に優先順位をつけ、優先順位の高いものに絞って説明をデザインするのです。

先輩上司が若手営業パーソンに営業スキルの指導をする場面を想定しま

す。

（心の声）オフラインの説明だったら、お客さんを訪問したときの会話のコツと、その後の契約書のもらい方、社内での事務処理のやり方の3つを全部理解させたかったけど、とりあえず今回のオンラインでの説明では、一番重要な契約書のもらい方をしっかりわかってもらうことに絞ろうかな。

会話のコツなどは、オフラインでの対面のほうがスムーズに説明できるでしょうし、社内での事務処理のやり方は契約を取ってきた後のタイミングで説明してもよいでしょう。

このように、**1回の説明では必要最小限の成果に絞り、そこから説明を逆算的にデザインしていく**ことで、オンライン上の説明において、聴き手の負担を減らすことができるのです。

ONLINE

オンラインでの説明にはメリットもある

これまでオンラインでの説明における問題点と解決法についてお話ししてきました。しかし、オンラインでの説明は、何もマイナスの側面だけではありません。プラスの側面もあるのです。

例えば、普段、会えない人にもあなたの説明を届けることができます。あなたの説明を広げやすいということです。また、オンラインのほうが録画や録音が容易であり、繰り返しあなたの説明を聴いてもらいやすくなります。つまり、あなたの説明が聴き手に深く浸透しやすくなるというわけです。

このように、オンラインの特性を生かしながら説明スキルの向上に努めていけばいいのです。

慣れないうちはオンラインでの説明は苦労することもあるかもしれませんが、あなたの説明をより広く、より深く届けるチャンスだと思ってください。

おわりに

「先生！　やっと、わかった!!」

生徒が理解した瞬間に見せるあの笑顔は、何ものにもかえられません。

クラス全体の生徒の顔つきが変わり、鳥肌がたった経験を何度もしたものです。教える仕事をしていて本当によかったと思える瞬間です。

「ちゃんとわかってもらえるって、こんなにも嬉《うれ》しいことなんだな」

それが本書を執筆するに至ったきっかけであり、私の原動力でもあります。

本書は、「相手にとって難易度の高い内容を、7つの型でわかりやすく説明するスキルを身につけてもらうこと」を目的としています。

文科省による最新の学習指導要領でも指摘されていることなのですが、これからの時代にとりわけ必要な能力が「創造力」です。私はこれを「価値を創造できる力」だと捉えています。

ベストセラー『LIFE SHIFT(ライフ・シフト)』(リンダ・グラットン他著 東洋経済新報社)にもあるように、これからの時代は資本主義から価値主義に移っていくでしょう。創造力を身につけると、これまでのコンセプトに付加価値を与えたり、まったく新しいコンセプトやコンテンツを生むことで、これまでになかった価値をつくったりすることができます。

Facebookは「コミュニケーション」という抽象概念において、これまでのSNSとは一線を画す「どんどんつながっていく」という付加価値を与えています。Googleは「検索」という抽象概念からビッグデータを得て、それをもとに人工知能を搭載した自動運転車の開発を行っています。トヨタとGoogleが同じ土俵で戦う時代になったのですね。

次の時代は、そういった創造力をもった企業が世の中を動かしていくでしょう。

個人においても同じことが言えると思います。

ヒカキン氏をはじめとするユーチューバーは、YouTubeというプラットフォームで、個人が付加価値を与えた映像コンテンツで視聴率を獲得して広告収入を得ています。テレビに出演している芸能人やテレビCMよりも大きな影響力があります。そんなユーチューバーという職業なんて、10年前はまったく予想できなかったと思います。

このような価値創造は、人工知能（AI）でもできないことでしょう。

そして、この**価値創造はあなたの説明から生み出すことができる**のです。

あなたの説明が相手の深い理解を生み、さらにそこで深い理解ができた人はまた別の人に深い説明ができる――こうやって「知の連鎖」が生まれていくのです。そして、その人のバックグラウンドと化学反応を起こし、新しい価値がどんどん生み出されていくのです。

「今のデジタル時代に、すごくアナログ的な発想だなぁ」――そう思う方もいるかもしれません。でも、だからこそ、そういったところに高い価値が生まれるのだと私は信じています。

このような時代における価値を生み出すための創造力を伸ばしていくには、頭の隅々まで浸透していく学習が必要不可欠になります。その学習は、人と人とのコミュニケーションの中で生まれていきます。実際に会話するかどうかは別としても、言葉や文字によって学習は促進されていくのです。

そういった創造的な学習を促していくコミュニケーションスキルが、本書のタイトルでいうところの「頭のいい説明力」なのです。

あなたの説明で相手が深く理解することで、相手自身が自分の知識と合わせて意見が言えます。そこで議論が生まれるから、また新しい知識が生まれるのです。

そんな人にしかできない知識の創造こそがより一層の価値となる時代が、もうそこに来ているのです。

「はじめに」でもお話ししましたが、２０１７年、私は、丸10年務めた駿台予備学校を退職し、企業向けの研修講師として登壇することにしました。

そして、「伝わらない」という理由だけで、挫折してしまう人や価値の創造をあきらめてしまう人をこの世からなくすべく、現在はビジネスパーソンや経営者の方々を対象にパーソナル・バリュー（自分価値）を高めるためのセミナー開発や研修プロデュースなども行っています。

目の前の方がどんな仕事に就いていようが何歳であろうが、コミュニケーションスキルとしての説明力を伸ばしていく姿を間近で見られるのはとても嬉しいものです。改めて指導者や教師などの方々がどんどんスキルアップすれば、日本の教育はもっとよくなると私は確信しています。

「教育業界における価値創造こそがこれからの日本をもっと元気にする」——本気でそう思っています。それは学校などの公教育にかかわる人だけでなく、伝えることに携わるすべての人がその可能性を担っているのです。

本書を読んでくださっているあなたもその一人です。

そんな方たちに、そして日本の教育全体に、本書の内容がほんの少しでも貢献できたのなら、筆者としてそれに勝る喜びはありません。

最後になりましたが、ここでお礼の言葉を述べさせてください。

本書の刊行にあたり、たくさんの方々にお世話になりました。PHP研究所の山口毅さんと葛西由香さんには、文庫化にあたり大変お世話になりました。エリエス・ブック・コンサルティングの土井英司さんには本書の執筆の機会と数多くのアイデアをいただきました。心より感謝申し上げます。

JUKEN7の笠原邦彦さん、駿台予備学校の駒橋輝圭さん、友人の大橋啓人くん、そして妻の綾香には、専門家としてのアドバイスや一読者の視点で参考になる意見をたくさんいただき、執筆を進めていく上で本当に助かりました。ありがとうございました。そして、いつも背中を押してくれる福岡の両親、埼玉のお義父さん、お義母さんにも本当に感謝をしています。どうもありがとう。いつまでも長生きしてください。

そして、最後に。本書を手に取ってくださったあなたへ。たかが「説明」ではありますが、その先にはもっと大きな価値があると私は思っています。

あなたの伝えたいことを目の前の人にしっかりわかってもらうということは、目の前の人とあなたがつながることだと私は考えています。

その結果、あなたの可能性を大きく開き、あなたとその目の前の人が社会の中でどんどんつながり合っていくのです。それはTwitterやFacebookなどのSNSでつながる表面的なものとは、まったく違ったものです。つながったときのその感覚は、筆舌に尽くし難いほどの喜びや高揚感があるはずです。あなたにもそういった体験をしていただきたく、その一心でここまで筆を執ることができました。最後までお読みいただき、本当にありがとうございました。

どうかあなたの手で「わかってもらってつながる」をもっともっと価値のあるものにしていってください！

2021年1月吉日　湯島天神の見える書斎にて

犬塚壮志

【IKPOLET法テンプレート】

テーマ（理解してもらいたいこと）と目的		[何をどのレベルでわかってもらいたいか?]
Step 1	興味をひく（Interest）	[わかってもらうメリットは?] [わからなかったときのリスクは?]
Step 2	聴き手の知識や認識にアクセスする（Knowledge）	[相手がすでに知っていることは?]
Step 3	目的を示す（Purpose）	[わかってもらう目的は?] [そのための手段は?]
Step 4	大枠を見せる（Outline）	[全体像は?] [進捗状況は?]
Step 5	つなげる（Link）	[因果関係は?] [しくみは?] [まとめると?] [周辺知識は?]
Step 6	具体化、事例、証拠を示す（Embodiment, Example, Evidence）	[具体的には?] [事例や証拠は?]
Step 7	転移（Transfer）	[どこで使える?]

【参考文献】

Biggs, Tang (2011)：『Teaching for quality learning at university (Fourth edition)』, Open University Press

Entwistle, N. (2009). Teaching for understanding at university：Deep approaches and distinctive ways of thinking.New York：Palgrave Macmillan.

Entwistle, N., McCune V., & Walker, P. (2010). Conceptions, styles, and approachs within higher education: Analytical abstractions and everyday experience. In R.J. Sternberg, & L.F. Zhang (Eds.), *Perspectives on thinking, learning, and cognitive styles* (pp.103-136). New York: Routledge.

McTighe, J., & Wiggins, G. (2004). Understanding by design：Professional development workbook. Alexandria, VA：Association for Supervision and Curriculum Development

『LIFE SHIFT（ライフ・シフト）』（リンダ・グラットン、アンドリュー・スコット 著　池村千秋 訳、東洋経済新報社、2016 年）

『はじめての質的研究法 教育・学習編』（秋田喜代美、能智正博 監修、秋田喜代美、藤江康彦 編、東京図書、2007 年）

『残酷な世界で勝ち残る 5%の人の考え方』（江上治 著、KADOKAWA、2018 年）

『影響力の武器』（ロバート・B・チャルディーニ 著 社会行動研究会 訳、誠信書房、2014 年）

『世界がもし100人の村だったら』（池田香代子 再話　C・ダグラス・ラミス 対訳、マガジンハウス、2001 年）

『学習科学』（大島純ほか編者、放送大学教育振興会、2004 年）

『物理基礎』（東京書籍）

『学習科学ハンドブック　第二版　第 1 巻』（R・K・ソーヤー編、森敏昭ほか監訳、北大路書房、2018 年）

『学習科学ハンドブック　第二版　第 2 巻』（R・K・ソーヤー編、大島純ほか監訳、北大路書房、2016 年）

『学習科学ハンドブック　第二版　第 3 巻』（R・K・ソーヤー編、秋田喜代美ほか監訳、北大路書房、2017 年）

『認知心理学』（箱田裕司、都築誉史、川畑秀明、萩原滋、有斐閣、2010 年）

『［新版］認知心理学――知のアーキテクチャを探る』（道又爾、北崎充晃、大久保街亜、今井久登、山川恵子、黒沢学、有斐閣、2011 年）

Teach Like a Champion: 49 Techniques that Put Students on the Path to College (Lemov. D., Jossey-Bass, 2010)

Memory for incomplete tasks: A re-examination of the Zeigarnik effect（Seilert. C. M., & Patalano. A. L., *Proceedings of the Thirteenth Annual Conference of the Cognitive Science Society,* Chicago, Il., 1991)

【参考 URL】

https://lifehacker.com/how-to-explain-complex-ideas-like-tech-to-those-who-d-1512002346『How to Explain Complex Ideas (Like Tech) to Those Who Don't Understand』

https://kottke.org/17/06/if-you-cant-explain-something-in-simple-terms-you-dont-understand-it『If you can't explain something in simple terms, you don't understand it』

https://www.nap.edu/read/9853/chapter/15『How People Learn: Brain, Mind, Experience, and School: Expanded Edition (2000) Chapter: 10 Conclusions』

著者紹介

犬塚壮志（いぬつか　まさし）

教育コンテンツ・プロデューサー／株式会社 士《さむらい》教育《きょういく》代表取締役
福岡県久留米市出身。元駿台予備学校化学科講師。

大学在学中から受験指導に従事し、業界最難関といわれている駿台予備学校の採用試験に当時最年少の25歳で合格。

駿台予備学校時代に開発したオリジナル講座は、開講初年度で申込当日に即日満員御礼となり、キャンセル待ちがでるほどの大盛況に。その講座は3,000人以上を動員する超人気講座となり、季節講習会の化学受講者数は予備校業界で日本一となる（映像講義除く）。

さらに大学受験予備校業界でトップクラスのクオリティを誇る同校の講義用テキストや模試の執筆、カリキュラム作成にも携わる。

「大人の学び方改革」を目的に、2017年に駿台予備学校を退職。現在は、講座開発コンサルティング・教材作成サポート・講師養成・営業代行をワンオペで請け負う「士教育」と、大手予備校の最前線で活躍する講師のみを集めた大学受験専門塾「ワークショップ」を経営する。タレント性が極めて強い予備校講師時代の経験を生かし、自分ブランドを確立させてパーソナルバリュー（自分価値）を高める教育プログラムをビジネスパーソンや経営者に向け実践中。また、企業向け研修講師としても登壇実績多数。さらに企業研修そのものを開発・企画プロデュースするサービスは開始1年で半年待ちの大行列に。

その傍ら、教える人がもっと活躍できるような世の中を創るべく、現在は東京大学大学院で認知科学をベースとした研究を行う。モットーは「教育業界における価値協創こそが、これからの日本を元気にする」。

主な著書に累計5万部越えのベストセラーとなった『頭のいい説明は型で決まる』、発売1カ月で1.5万部を突破した『感動する説明「すぐできる」型』（共に、PHP研究所）、『理系読書－読書効率を最大化する超合理化サイクル』（ダイヤモンド社）、『「また会いたい」と思われる話し方』（朝日新聞出版）などがある。


この作品は、2018年5月にPHP研究所から刊行された『東大院生が開発！　頭のいい説明は型で決まる』を改題し、加筆・修正したものです。

ＰＨＰ文庫　東大院生が７つの型で教える
神わかり！　頭のいい説明力

2021年2月16日　第１版第１刷

著　者　犬塚壮志
発行者　後藤淳一
発行所　株式会社ＰＨＰ研究所
東京本部　〒135-8137　江東区豊洲5-6-52
PHP文庫出版部　☎03-3520-9617（編集）
普及部　☎03-3520-9630（販売）
京都本部　〒601-8411　京都市南区西九条北ノ内町11
PHP INTERFACE　https://www.php.co.jp/
組　版　株式会社ＲＵＨＩＡ
印刷所　株式会社光邦
製本所　東京美術紙工協業組合

ISBN978-4-569-90080-3